KB203327

한국밀교문화총서 ❷

한국의 입체만다라

대한불교진각종
한국밀교문화총람사업단

한국밀교문화총서 ❷

한국의 입체만다라

대한불교진각종
한국밀교문화총람사업단

간행사

한국밀교총람사업단에서는 밀교의 문화와 역사, 그리고 교리와 관련된 자료를 수집하고, 분석하여 연구의 기초를 다지고, 그러한 자료들을 분야별로 연구하는 작업을 진행하여 왔다.

그런 가운데 1차년도 사업기간인 2016년~2018년에 걸친 3년간의 사업 중에서 첫해인 2016년에는 밀교관련 연구의 근간을 이루는 사업을 중심으로 진행하여 왔다. 국내외 답사를 통한 사진 및 영상자료의 수집, 국내외의 문헌자료 수집을 기반으로 하여 밀교문헌목록작성과 경론해제작성, 국내진언의 수집과 연구, 대장경수록진언의 분석, 육자진언자료의 수집과 도록작업, 한국의 입체만다라연구, 밀교 각 분야별 연구발표를 진행하여 왔다.

첫 번째로 국내답사에서는 고려시대로부터 조선시대에 걸쳐서 건축물, 복장유물, 석조물, 서책에 나타난 진언들을 수집하였고, 해외답사에서는 금강정경의 발상지로 알려진 남인도의 나가르쥬나콘다, 아마라바티대탑과 박물관을 비롯하여 콜카타, 델리와 같은 인도의 국립박물관에 소장된 밀교와 인도 종교관련 유물들을 촬영하고, 도록들을 수집하였다. 나아가서 인도네시아의 보로보두르대탑과 캄보디아의 국립박물관 및 밀교 유적을 답사하여 인도로부터 해로를 통해서 전개된 밀교문화의 실상을 직접 목도하였다. 그 뿐만이 아니라 인도, 인도네시아, 캄보디아에서 사용된 상징문양이 우리나라의 전라남도 화순의 운주사의 상징문양과 일치하는 점도 발견하였다. 역시 가야의 역사에 나타나 있듯이 문화적인 측면에서 남방해로를 통해서 전개된 인도문화는 우리나라와 연관성을 가지고 있다는 것이 이번 답사에서 얻은 성과이기도 했다.

두 번째로 문헌자료 수집을 통한 목록작성 작업은 국내의 논문과 밀교관련문헌들의 목록을 작성하여 연구의 편의를 제공하고, 현재까지 한국내연구성과 들의 종류와 분야를 한목에 검색할 수 있도록 하였다. 아울러 밀교경전해제작업은 한역대장경 중에서 고려대장경수록 부분과 고려대장경에 수록되지 않은 경론들을 분리하여 해제를 쓰고, 역경사 들의 활동상을 기술함으로써 경론의 요점과 역경사들의 주요경론번역들을 쉽게 이해할 수 있도록 하였다.

세 번째로 국내에 전승되고 있는 진언들을 수집하여 내용별로 정리, 그 원류가 되는 한문음사와 범어음사를 제시하고, 분석하여 한국에 전승되고 있는 의궤집에서 어떻게 활용되고 있는지 그 실상을 밝혔다.

네 번째로 한역대장경수록 진언집성과 분류작업은 하나의 진언경전을 편찬하는 정도의 노력과 시간을 필요로 하는 작업이었다. 금번에는 밀교경전에 수록된 진언들을 수집하고 분석하여 진언의 분류와 정리작업의 선례를 제시하였다. 진언에는 명칭을 가진 것과 가지지 않은 것이 있다. 이들을 분류 제시함으로써 진언사전작업과 밀교의식 연구 작업이 손쉽게 이루어질 수 있는 기틀을 마련하였다.

다섯 번째로 우리나라에 전해지고 있는 육자진언을 수집하여 자료를 정리하고 도록으로 편찬한 것은 세계적으로도 처음 이루어진 일이다. 우리나라의 육자진언은 건축물, 석조물, 서책 등 다양한 형태로 전해지고 있다. 이러한 자료들은 그간 정리된 바가 없으며, 하나의 진언관련 자료로는 가장 방대한 내용이라고 할 수 있다.

여섯 번째로 한국의 입체만다라 도록은 진각문화전승원의 건립으로부터 시작되었다. 역사적으로 우리나라에는 일본, 티베트와 같이 밀교문화자료가 풍부하지 못한 것이 사실이다. 그런 가운데 우리나라에는 고려시대부터 진언과 관련된 종자만다라가 전해지고 있었고, 그것이 본격적으로 활용된 것은 조선시대의 일이다. 최근에는 대한불교진각종에 진각문화전승원이 건립되면서 금강계만다라를 입체적으로 건축물에 적용하였고, 건축물의 여러 부분에 종자와 진언과 상징을 표현하였다. 이와 같은 금강계만다라형식의 건축물과 밀교교리를 건축물에 표현한 예는 세계적으로 찾아 볼 수 없으며, 그것을 도록화 한 것도 매우 드문 일이다.

이와 같이 2016년 연구사업은 문화와 교리와 역사를 아우르는 방대한 작업이었으며, 길이 후세에 남을 업적이라고 생각된다. 끝으로 이와 같은 연구를 통해서 '한국의 입체만다라'를 집필해주신 허일범 교수와 집필에 참가해주신 각 분야 많은 분들에게 감사의 뜻을 전한다.

한국밀교총람사업단 단장

회성 김 봉 갑

머리말

한국의 입체만다라는 진각문화전승원의 세계를 도록으로 편찬한 것이다. 원래 만다라는 경전의 교리를 표상화시켜서 수행에 활용하기 위한 것이다. 밀교에서는 형이상학적인 경전의 내용을 형상과 문자와 상징으로 표현하여 수행자의 몸과 입과 뜻을 통해서 그 진리의 세계를 쉽게 도달할 수 있도록 하였다. 다시 말해서 진리의 세계에 도달하기 위한 방법으로 표상화된 만다라가 매개체로 활용된 것이다.

이와 같은 만다라는 군집형으로 도상화된 것이 주류를 이루고, 토단, 탑, 건축물 등에 형상이나 문자, 상징문양으로 나타낸다.

그 뿐만이 아니라 건축물 전체를 이용해서 만다라를 표현하는 방식이 있다. 진각문화전승원의 입체만다라가 그것이다. 진각문화전승원은 평면이 금강계만다라의 평면구조를 하고 있다. 네 면에 네 개의 문이 있으며, 그 문을 통해서 내부에 들어 가면 중심의 원형으로 된 공간이 상층부에 까지 이어져 있다. 그 원형공간은 금강정경의 교주 비로자나불을 의미하며, 건축물을 지탱하고 있는 36개의 기둥은 삼십칠존을 의미한다. 이것은 금강계만다라의 주존인 삼십칠존을 상징하는 것으로 우리나라에서는 오대산 상원사 문수보살 복장유물에서 발견된 삼십칠존 중심의 종자만다라도를 비롯하여 조선시대에 유사한 종자만다라가 다수 복장유물로 전해지고 있다. 최근에 들어서 이와 같은 도식화된 종자만다라는 진각문화전승원이라고 하는 입체만다라로 나타나게 된 것이다.

진각문화전승원의 외형적 6층 구조는 육대를 상징하며, 지붕층 이하 건물본체 4개 층은 사만, 지붕의 3개 층은 삼밀을 상징한다. 이것은 대승기신론의 체상용의 교리를 밀교경전인 대일경과 금강정경의 교설에 담겨 있는 육대와 사만과 삼밀의 내용에 적용시킨 것이다.

또한 로비층의 문살에는 진각교전의 내용을 문자로 새겨 넣어 교설의 문자만다라를 이루도록 하였고, 밀교문화박물관에는 우리나라를 비롯한 일본, 중국, 티베트 등의 밀교관련 자료와 사진자료 들을 전시하고 있다. 특히 종자, 삼매야형, 존상으로로 된 삼십칠존 금강계만다라의 세계를 구현하였다. 또한 일본관련 전시관에는 호마단과 금강계대만다라가 설치되어 있으며, 티베트관련 전시관에는 밀교의 법구류들이 전시되어 있다.

나아가서 수행체험실은 체류하면서 체험을 할 수 있는 공간을 마련하였고, 장경각은 밀교관련 도서와 한역, 티베트역 대장경을 소장하고 있다.

한편 진각문화전승의 건축물에서 지붕 층의 부연과 서까래에는 금강계만다라 삼십칠존의 종자진언과 삼매야형과 인계가 표현되어 있다.

상륜부에는 4계 24절기, 육자진언과 비로자나불을 상징하는 수인이 표현되어 있다. 이와 같이 진각문화전승원은 건축물의 외형으로부터 내부에 이르기 까지 금강계만다라의 세계를 표현하지 않은 곳이 없다.

세계적으로 그 유래를 찾아 볼 수 없는 금강계입체만다라를 상징하는 진각문화전승원이 다양한 방면에서 문화적으로 활용되기를 바란다.

한국밀교총람사업단

목 차
CONTENTS

I

만다라의 개념

Ⅰ. 만다라의 개념

1. 만다라의 원리

1) 만다라의 의미

만다라는 원래 보이거나 듣거나 느끼기 위한 것이 아니다. 오직 이 땅에서 가장 자유스런 사람이 되기 위해서 노력하는 수행자들에게 필요한 수행의 방편이자 법구이다. 그것은 원래 그림으로 그려진 것도 아니고, 소리로 나타낼 수 있는 것도 아니다. 만다라는 수행자들이 일정한 수행단계를 거친 다음, 수행의 효과를 증대시키기 위해서 건립하여 활용하는 것이다. 만다라를 건립할 때에는 먼저 경전의 말씀대로 부처님과 보살들의 세계를 마음속에 떠 올린 다음 그것을 색상이나 입체적 조형으로 나타낸다.

따라서 만다라의 건립은 수행자중에서도 일정한 자격을 갖춘 사람만이 가능하다. 그야말로 부처님과 보살의 세계에 들어간 사람만이 그 세계를 표상으로 나타낼 수 있다.

이런 점에서 현재 우리들이 접하는 만다라에 대한 감각은 수행의 방편으로 쓰일 때와는 판이하게 다르다. 그리고 여기서 주목해야 할 것은 만다라를 그린다는 표현보다는 건립한다는 표현을 쓰는 것이 적절하다. 그것은 원래 만다라를 수행에 활용할 때 맨 처음 단계로 토단(土壇)을 쌓고, 그 위에 색가루를 가지고 부처님이나 보살들의 형상, 지물(持物)등을 나타내기 때문이다.

만다라를 건립하는 데에는 여러가지 복잡한 절차가 필요하다. 즉 수행의 목적에 따라서 만다라의 건립에 필요한 적절한 위치, 방향, 날짜등을 정해야 한다.

이런 점에서 종이위에 그려진 만다라만을 접하는 우리들은 만다라의 건립에 얼마나 많은 정성을 쏟아야 하는가를 감히 짐작도 할 수 없다.

우리나라에서는 인도를 비롯한 티베트, 일본등지에서 입수되는 것과 같은 만다라를 접할 수 없다. 다만 통도사 황화각(皇華閣)의 화장찰해도(華藏刹海圖, 서기1899년), 비로자나화장세계지도(毘盧遮那華藏世界地圖, 조선시대)등이 전해지고 있을 뿐이다. 그러나 이것들은 좁은 의미에서 만다라의 범주에 넣을 수 있을는지 의문이다. 이 중에서 예천 용문사의 것은 다른 것보다 조직적으로 이루어져 있기 때문에 티베트나 일본에서 전래되고 있는 만다라에 가깝다. 그러면 이것들을 만다라의 범주에 넣었을 경우, 우리나라에서는 과거에 어떤 방법으로 활용되었으며, 수행과 신앙에서 얼마나 중요한 위치를 차지했던 것일까? 이 점에 대해서는 확실하지 않다.

그런데 근래에 들어 우리나라 사람들이 만다라에 관심을 기울이게 된 것은 무슨 이유 때문일까? 그것은 아마도 인도나 티베트, 일본에서 입수된 만다라 그림과 수 많은 서적들에 담겨 있는 신비적인 내용 때문일 것이다. 화보로 나오는 만다라 그림을 보면 종류도 많고 색상도 다채롭다.

조직적으로 구성된 만다라는 대개 세가지 형태로 나타낸다. 부처님과 보살들의 모습으로 나타낸 만다라가 있는가 하면 실담문자(悉曇文字)로 된 만다라도 있다. 또한 부처님과 보살들이 가지고 있는 지물(持物)을 가지고 그들의 서원(誓願)을 나타내는 만다라도 있다. 그리고 만다라를 그림으로 나타낼 때에는 대개 땅과 물, 불, 바람, 하늘을 의미하는 다섯가지 색을 쓰는 것이 보통이다.

이와 같이 만다라는 불교의 교리와 역사, 문화의 기틀위에서 성립되었다고 볼 수 있다. 또한 이런 점에서 만다라가 세인들의 주목을 끌 수 있는 다양한 재료를 제공하고 있는지도 모른다. 즉 기본적으로 밀교를 수행하는 사람들에게는 수행의 방편으로 쓰이며, 칼 융같은 사람은 인간의 정신분석에 까지 채용하고 있다.

특히 근래에 와서 만다라의 숭고한 이념은 사회가 다원화되고, 산업화, 정보화되어 감에 따라서 용도도 수행의 방편에서 현대의 응용과학에 까지 적용되고 있다.

하여튼 우리나라 불교사에서 만다라가 어느 정도의 위치를 차지하고 있었는지 분명치 않으나 지금부터라도 우리들이 관심을 기울여야 할 분야임에는 틀림이 없다.

그것은 만다라가 수행의 방편으로써 뿐만이 아니라 미술, 건축, 의학 등에 활용될 수 있는 소지를 가지고 있기 때문이다. 그야말로 만다라적 수행, 만다라적 건축,만다라적 의학등과 같은 새로운 분야가 확립될 수 있다.

그러면 여기서 만다라가 불교사에 등장하지 않으면 안되었는지를 생각해 보아야 할 것이다. 그것은 여러 방면에서 생각해 볼 수 있다. 먼저 경전 상에 등장하는 수 많은 부처님과 보살들을 조직적으로 통합해야 한다는 필요성이 있었을 것이다.

즉 경전 중에 만다라가 출현하기 전까지 당시의 불교학자들은 여러 경전들에 흩어져 있던 부처님과 보살들을 어떤 체계속에서 통합하여 수행에 활용해야 할것인가에 대한 과제를 가지고 있었다. 그들은 먼저 부처님과 보살들의 세계를 만다라라는 복합적 상징물로 표현하려고 시도하였다. 또한 원만구족한 부처님과 보살들의 서원과 공덕을 일정한 구도 속에 응축시킨 불교사상의 결정체를 추구하였다. 나아가서 자신들의 수행을 통하여 획득한 부처님과 보살들이 내장하고 있는 자비와 지혜의 공덕을 만다라라는 상징물을 통하여 세상에 발현시키려고 했던 것이다.

2) 만다라의 형성

만다라는 그 구조와 구성으로 볼 때 인도의 문화와 종교적 요소들을 총망라하고 있다고 하여도 과언은 아니다. 만다라에 등장하는 수 많은 부처님과 보살, 그리고 천신들은 불교자체의 것을 비롯하여 인도의 신화에서 채용한 것들이 다수 있다. 또한 구조적으로 볼 때 만다라는 누문(樓門)과 성벽(城壁)을 갖추고 있기 때문에 고대 인도의 왕성을 모방했을 가능성이 높다. 티베트에 전래되고 있는『반야이취백오십송주석(般若理趣百五十頌註釋)』에서는 만다라에 등장하는 제존을 왕궁에 사는 왕, 왕후, 왕녀, 관리등에 배당하고 있다. 이것은 인도의 왕성구조가 만다라의 형성에 영향을 끼쳤음을 입증해 주는 단편적 자료라고 생각된다. 만다라에 등장하는 제존(諸尊)중에서 정형화(整形化)된 모습으로 맨 처음 경전상에 등장하는 것은 4방향의 수호신과 4불(佛)이다. 4방향의 수호신인 사천왕은 대회경(大會經)을 비롯한 아함경전에 이미 등장하고, 금광명경(金光明經)등에서는 부처님의 부촉(付囑)을 받아 불법(佛法)을 수호하는 존격으로 등장한다. 또한 이 경에는 아축(阿閦, 보상(寶相), 무량수(無量壽), 미묘성(微妙聲)의 4불이 동남서북의 4방향에 배치되어 있다.

그러나 이 당시 까지만해도 상(像)을 그리는 법이 정착하지 않았고, 5세기경에 성립한『무리만다라주경』에 화상법(畵像法)이 등장한다.

불교사에서 예배의 대상이 되는 상징물을 만들기 시작한 것은 기원후 1세기경부터 이다. 초기에는 하나의 불상만을 예배의 대상으로 만들었지만 시대가 흐름에 따라 삼존(三尊)형식이 널리 만들어 지게 되었다. 삼존형식은 고대 이집트나 힌두교에서도 발견된다. 이집트나 힌두교의 신들은 대부분 배우자가 되는 신이나 자식을 거느리고 있다. 따라서 이들 권속신(眷屬神)들을 좌우에 배치만 하면 용이하게 삼존형식이 이루어진다.

반면 부처님은 출가해서 깨달음을 얻은 사람이기 때문에 처자를 좌우에 배열할 수가 없다. 따라서 대가섭이나 아난과 같은 주요 불제자들을 좌우에 배치 하고 있다. 현재에도 남방불교나 선종에서 석가, 대가섭, 아난의 삼존형식을 흔히 발견할 수 있다.

한편 티베트불교에서는 협시(脇侍)로 사리불과 목건련을 배치한다.

여기에 대해서 대승불교에서는 불제자 대신에 보살을 흔히 쓰고 있다. 간다라조각에서도 좌우에 두 보살을 동반한 여래상이 발견된다. 그리고 마투라조각이나 아잔타벽화에는 여래상의 좌우에 연화를 가진 보살과 금강저를 가진 보살이 나타나 있다.

한편 대승불전에도 아미타삼존을 설한 『아미타경』, 약사3존을 설한 『약사경』등이 등장했기 때문에 이와 같은 삼존형식은 널리 보급된 것으로 여겨진다. 아미타삼존에서 관음은 아미타의 자비를 상징하고, 대세지(大勢地)는 아미타의 지혜를 상징한다. 즉 삼존형식에서 좌우의 협시보살은 본존(本尊)이 가지고 있는 속성의 일부를 나타낸다. 그리고 이와 같은 구상이 전개되어 가면서 만다라의 원초형태가 형성되었던 것이다. 우리들은 그 대표적인 것으로 청우경(請雨經)만다라나 보루각(寶樓閣)만다라를 들 수 있다.

여기서 청우경만다라(請雨經曼荼羅)의 예를 들면 석가여래를 중심으로 하여 좌우에 관음과 금강수가 배치되어 있다. 이것은 마투라나 아잔타의 3존형식과 거의 같다. 그리고 보루각만다라(寶樓閣曼荼羅)도 3존형식에서 발전한 것이며, 『무리만다라주경(牟梨曼陀羅呪經)』을 전거로 하고 있다. 이와 같이 초기 3존형식에서 출발해서 경전상에 등장하는 수 많은 존격(尊格)들이 수용된 각종 만다라는 밀교수행에서 중요한 위치를 점하게 되었다.

원래 만다라는 벽면이나 종이위에 그리는 것이 아니라 의궤(儀軌)에 따라 토단(土壇)을 쌓은 다음 그 위에 지(地), 수(水), 화(火), 풍(風), 공(空)의 오대(五大)를 나타내는 오색(五色)물감을 들인 모래를 가지고 도상화했던 것이다.

이와 같이 만다라를 토단위에 건립하는 것은 고대 인도에서 이루어지고 있던 신의 초청의식에서 그 유래를 찾아 볼 수 있다. 이것은 후에 불교에 수용되어 부처님과 보살들이 토단위에서 집회한다고 생각하게 되었다. 토단을 쌓고, 그 위에 채색, 공양물을 바치고 행하는 의식은 5세기에 정비되었다. 이것을 최초로 분명히 하고 있는 것은『무리만다라주경(牟梨曼荼羅呪經)』이다. 다음에 7세기 중엽에 성립한『대일경(大日經)』등에서는 토단을 쌓고, 그 위에 만다라에 등장하는 모든 부처님과 보살들을 관상(觀想)하는 작법이 상세히 규정되기에 이르렀다. 현제 티베트에서는 호마나 공양의식을 행할 때에 토단에 만다라를 건립하며, 흰 가루로 선을 긋거나 채색한다.

그리고 수행의식이 끝나게 되면 만다라는 그 자리에서 파기하고 새로운 의식을 행할 때 다시 만다라를 만든다. 한편 중국을 비롯한 동북아시아의 불교문화권에서는 토단에 만다라를 건립하는 전통은 발견되지 않는다. 단 관정의식을 행할 때 깔개만다라를 사용하는데 이것은 토단만다라의 잔재라고 생각된다.

이와 같이 만다라는 밀교의 수행에서 빼놓을 수 없는 것이 되었고, 나아가서 식재(息災),증익(增益), 항복(降伏), 경애(敬愛)법등의 호마(Homa)의식에도 활용되었다.

3) 만다라의 종류

만다라의 종류는 만다라를 표상화할 수 있도록 구성된 경전과 의궤의 성립을 전제로 한다. 나아가서 수행의 목적과도 밀접한 관계에 있다. 먼저 경전과 의궤의 성립시기를 중심으로 생각해 보면 크게 4종류로 구분할 수 있다.

밀교경전의 분류는 인도나 티베트, 한국, 일본, 중국등 각국의 상황에 따라서 차이가 있다. 그것을 크게 나누면 인도나 티베트방식의 분류법과 한국을 중심으로 한 동북아시아식 분류법이 있다. 인도나 티베트의 경우는 밀교경전을 일반불교경전과 구분하고 있다. 거기서는 밀교경전을 4가지 내지 7가지로 나누는데 통상적으로 쓰이고 있는 것은 4가지 분류법이다. 즉 의식중심, 의식과 수행병용, 수행중심, 세분화된 수행중심의 밀교경전이다. 그리고 한국을 중심으로한 동북아시아권의 분류법은 경전의 도입시기와 밀접한 관계에 있기 때문에 인도나 티베트의 분류방식과는 약간의 차이가 있다. 즉 서기7세기를 중심으로 하여 그 전후에 성립된 경전을 두 가지로 나눈다. 그런데 동북아시아권의 경우, 서기9세기 중반이후가 되면 눈에 띠는 밀교경전의 도입이 없었기 때문에 그 시기에 성립된 경전들은 분류방식에서 빠져 있다. 따라서 밀교경전의 도입과 밀접한 관계에 있는 만다라의 분류방식도 크게 두 권역으로 양분될 수 밖에 없다. 그런 까닭에 인도나 티베트권과 동북아시아권은 만다라의 분류방식에서도 차이점이 발생했던 것이다. 여기서는 국제적으로 널리 통용되고 있는 분류방식인 4가지 구분법 즉 인도나 티베트권의 분류방식에 의하여 만다라를 분류해 보기로 한다.

첫번째 단계는 의식만을 염두에 두고 건립된 만다라이다. 이 만다라는 손으로 맺는 인(印)과 입으로 독송하는 진언의 발달과 더불어 호신법 및 불보살에 대한 공양법을 전제로 하여 성립되었다. 따라서 의식적인 측면이 매우 강하다.예를 들면 이 단계의 만다라는 제사의식에 쓰이는 제단(祭壇)과 유사한 성격을 띠고 있다. 흔히 제사를 지낼 때 제사의 집행자는 그 집안의 가장이고, 제단에 초청되는 것은 선조나 제사일에 해당되는 인물이다. 그리고 제사를 지낼 때 집행자는 제단에 초청되는 대상에 대하여 감사의 뜻을 표하고, 자신의 소원도 부탁한다. 그와 마찬가지로 이 단계의 만다라는 수행자가 불보살을 초청, 공양하여 자신의 복덕을 추구하는데 활용된다. 따라서 수행자는 제사의 집행자와 유사한 성격을 띠고 있으며, 손님으로 등장하는 것은 선조와 같은 성격을 띤 불보살들이다. 여기서 불보살의 위치는 수행자에게 복을 가져다 주고 재앙을 퇴치해 주는 존재이다.

두 번째로 깨달음의 세계를 밖으로 표상화하고 그것을 실천하기 위해서 건립하는 만다라이다. 이 단계에서는 의식과 더불어 삼밀관행법(三密觀行法)이 병용되었다. 따라서 만다라도 수행자의 마음과, 표상화된 상징과 행동의 일치를 바탕으로 하여 건립된다. 수행자는 만다라를 건립하기 위해서 마음의 수행이 필요하며, 그것을 자기의 것으로 만들고, 도상이나 형상으로 나타낼 수 있는 능력을 갖추고 있어야 한다. 나아가서 그 자체가 자신의 행위와 일치할 수 있어야 한다. 이 만다라는 자신의 생각과 행동이 일치하지 않았을 때에는 성립될 수 없는 만다라이다. 수행자는 이 두 가지의 일치를 위해서 몸과 입과 마음으로 할 수 있는 모든 수행을 다하며, 불보살의 것과 일치시킨다. 이 단계에서 수행자는 불보살의 위신력을 갖추게 된다. 그 때 그의 행동은 불보살의 활동과 동일하게 된다.

세 번째로 앞 단계의 것에 비하여 의식적인 면이 약화되고 유가관법(瑜伽觀法)이 더 중시된다. 따라서 이 단계에서는 실천행을 중심으로 한 만다라가 건립되었다. 여기서는 실천행자체가 중시되기 때문에 불(佛)을 제외한 모든 보살들은 관정명(灌頂名)을 쓰게 된다. 이것을 우리들이 사는 사회와 견주어 생각해 보면 서로 다른 성씨를 가진 씨족들이 어떤 하나의 동일한 성씨로 바꾸는 것과 같다. 그것은 결속력을 다지기 위한 것이다. 그 때 하나의 성씨를 가지게 된 가족의 구성원들은 가문의 가풍과 명예를 위해서 활동해야 할 것이다.

그와 마찬가지로 이 종류의 만다라에 속하는 불보살들은 깨달음의 세계를 외적으로 표출하여 중생들을 깨달음의 길로 이끌고, 그 목적을 달성하기 위해서 전원합심하여 활동하는 모습을 보여준다.

네번째로 이 단계에의 만다라에서는 생리학이나 천문학적인 이론까지도 채용하여 수행에 응용한다.

따라서 여기서는 앞 단계의 만다라보다 더 세분화된 양상을 띠게 된다. 예를 들면 한 집안의 자식들이 장성하여 분가하는 양상을 띠게 되는 것과 같다. 즉 각개의 보살들은 불이라는 하나의 가장으로부터 깨달음의 종자를 부여받아 독립하는 것이다. 이 만다라는 최후기 불교에서 나타난다. 그야말로 이 단계의 만다라는 다양한 각도에서 실지성취(悉地成就)를 위하여 정진하는 수행자들의 길잡이가 되어 주는 것이다.

이와 같이 경전의 종류에 따라서 네 가지로 분류된 만다라는 각각 수행의 목적에 따라서 수 많은 종류의 만다라로 분화된다. 현재 티베트의 사캬파에서 전승되고 있는 만다라의 경우만 해도 100종류를 훨씬 넘는다.

4) 만다라의 특색

근래 우리들은 인간의 지혜로서 헤아릴 수 없는 현상이나 상황에 대해서 신비라는 말을 종종 쓸 때가 있다. 그것은 어떤 의미에서 과학만능주의나 이성지상주의에 대비되는 용어일 수 있다.

그리고 현실의 세계에 살고 있는 우리들이 어떠한 계기를 통하여 비일상적이며 성스러운 세계에 진입할 수 있는가를 설하는 것이 신비사상이라고 말할수 있는데 밀교적 요소를 띤 경전이나 밀교의 여러 사원에서 종종 발견할 수 있는 만다라는 그야말로 신비사상의 총합체라고 말할 수 있다.

오늘날 이미 만다라라는 말이 일반인들의 귀에 낮 설지 않고, 이와 관련된 다수의 서적들이 출판되어 있다. 그 중에는 전통적인 불화의 영역안에 있는 만다라를 지칭하는 좁은 의미의 만다라가 가장 보편적으로 인식되고 있는 것이 사실이지만 그 내면에 까지 들어 갈수 없는 새로운 만다라도 등장하고 있다. 그들 만다라를 통털어 분류해 보면 다음과 같다. 먼저 만다라는 크게 가시적인 만다라와 비가시적인 만다라가 있다. 그리고 가시적인 만다라에는 존상의 만다라, 상징의 만다라, 문자의 만다라, 입체의 만다라가 있고, 비가시적인 만다라에는 정신의 만다라와 육체의 만다라가 있다. 여기서 비가시적인 두 종류의 만다라는 현대의 학자들에 의해서 분류되고 있는 만다라이다.

이 중에서 가시적인 만다라는 좁은 의미의 만다라라고도 말할 수 있는 제존의 집회도이며 일반적으로 만다라라고 칭하는 경우는 이런 유형의 만다라를 일컸는다. 먼저 존상의 만다라는 전통적으로 대만다라라고 한다. 대라는 말에는 여러가지 해석이 가능하지만 실재의 모습을 갖춘 도상으로서 표현된 제존의 만다라이다.

예를 들면 금강계대일여래의 경우 결가부좌에 지권인을 결하고있으며, 부동명왕은 오른손에 이검, 왼손에 견색을 가지고, 대보의 반석위에 앉아 있다. 티베트나 일본의 밀교사원에서 찾아 볼수 있는 만다라는 이런 종류의 것이 대부분을 점하고 있다. 또한 이런 종류의 만다라는 미술적으로도 연구의 대상이 되고 있다. 이것은 가장 좁은 의미의 만다라라고 할수 있다.

존상의 만다라를 토대로해서 그것을 간략히 하고 각존격의 성격이나 활동을 명확히 상징하는 지물이나 인상으로 바꾸어 놓은 것이 상징의 만다라 즉 삼마야만다라이다. 이 만다라는 약속, 계약등의 의미를 가지는 산스크리트의 삼마야(samaya)를 음사한 것으로 하나의 문자 자체에는 아무런 의미도 없다. 즉, 특색 있는 지물 등을 가지고 각각의 존격과 연관지어 상징화한 것이다. 상징의 만다라를 더 심볼화해서 종자라고 하는 단음절 문자로 표현한 것이 문자의 만다라이다. 여기서 문자라고 해도 고대인도의 신성한 문자라고 일컬어지는 범자에 원칙적으로 한정되어 있다. 종자란 흡사 식물의 종자(씨)에서 줄기나 잎이 생겨나듯이 그 내부에 전체의 엣센스를 집약하고 있다. 아미타여래를 흐리((hrih),관음보살을 사(sa)라고 표현하는 것이 그 실례이다. 그리고 네번째 만다라는 전통적으로 갈마만다라라고 한다. 갈마란 카르마(karma)라는 범자의 음사이며 행위를 나타낸다. 그러므로 종교적인 깊은 의미에서는 불(佛)이 자신의 법락과 중생의 이익을 위해서 행해야 할 위의사업(威儀事業)을 나타낸 것이 이 만다라인데 이것은 앞에서 언급한 3종의 만다라를 재해석한 것으로 실재 화면에 나타낸 상이 아니라 목상, 조상, 주상등의 존상으로서 구성된 만다라를 가리킨다.

이에 대해서 내적인 만다라라고 이름붙이고 있는 범주는 시각적으로 대상화할수 있는 네종류의 만다라와는 달리 우리 인간을 소우주로 보고, 그 소우주를 하나의 통일체인 만다라에 비교한 것이다.

여기에 현대적 시점을 도입하자면 우리들의 인간존재를 정신적 측면에서 다룰 것인가? 유기체적 측면에서 중시할 것인가에 따라서 크게 두 종류로 나누어 생각할 수 있다. 전자는 복잡하고 심오한 인간의 마음의 세계를 심층심리학적인 접근방법을 쓰면서 만다라의 이념에 따라서 이해하려고 한것으로 심의 전체상을 가리키는 정신만다라라고 말할 수 있다. 한편 우리들의 육체를 통해서 표현되는 신체적 존재를 만다라에 대비한 후자의 육체만다라는 지,수,화,풍,공의 5가지 구성요소를 우리들의 신체의 5장에 견주어 말하는 오대오장관(五大五藏觀)등으로 나타나 있다. 물론 이것은 『대일경』에서 설하는 오자엄신관이나 인도의 탄트라불교에서 설하는 차크라설과 관계가 있다. 차크라란 신체 내에 초월적으로 존재하는 중심업(業)으로 흔히 4에서 7가지의 차크라를 설한다.

이상과 같이 만다라를 가시적인 것과 비가시적인 것으로 크게 나누고, 나아가서 몇가지 표현형태로 세분했는데 그들 모두에게 공통된 것이 있다. 다시 말하면 만다라로서 필요불가결한 특징이 있다. 여기서 가장 대표적인 존상의 만다라를 예로 들면서 만다라의 몇가지 특색을 들어 보기로 한다.

첫째로 만다라란 점과 선이 아니며 반드시 어떤 공간을 의미하고 있다는 것을 용이하게 알 수 있다. 그래서 그 공간의 내부가 성스러운 세계의 대표인 부처님의 세계이기 때문에 만다라의 공간은 인위적으로 산출된 성역공간인 것이다. 여기에 신비사상과의 커다란 접점이 존재하고 있다.

둘째로 복수성을 들 수가 있다. 만다라의 내부는 결코 무색투명하거나 유아독존일 수는 없다. 거기에는 다양한 종류의 부처님들이 거대한 벌집과도 같이 얼키고 설켜서 하나의 세계를 형성하고 있다.

세째로 중심성이다. 벌집에는 여왕벌이 있듯이 만다라의 세계도 결코 무통제로 군집 하고 있는 것이 아니라 반드시 중심이 되는 핵이 존재한다. 이 점에서 정신이나 육체로 대표되는 내적인 만다라의 경우도 같은 성질의 것이라고 할수 있다.

이어서 조화성이다. 만다라는 연습에 연습을 거듭한 오케스트라와도 같이 각각의 존격들이 각자의 파트를 잘 지켜서 훌륭한 하모니를 이루게 하는 것이다. 마지막으로 잊어서는 안될 특색중의 하나는 유동성이다. 만다라를 시간의 일순간으로 절단할 때 그것은 정지한 조화의 일순간이지만 영화의 필름과같이 연속적인 시간의 흐름에 투영해 보면 마치 세포분열과도 같이 활발한 제 존의 움직임이 보인다.

5) 만다라의 표현방식

우리들은 흔히 도상화된 만다라를 접하게 된다. 따라서 만다라를 미술작품의 일부분으로 간주하는 경향이 있는 것도 사실이다. 그러나 만다라는 경전의 내용에 의거하여 표상화된 불보살의 세계이자 밀교수행에 필요한 상징물이다. 여기서는『대일경』에 나타난 만다라의 표현방식에 대해서 알아 보기로 한다.

(1) 깨달음의 표현

만다라는 풍부한 상징성을 가지고 있기 때문에 대부분의 경우 미술적인 측면에서 바라보는 견해가 지배적이다. 그러나 만다라를 통하여 표현된 각양각색의 상징물이나 구조는 깨달음의 세계를 상징적으로 표현한 것이지 단순한 미술작품이 아니다. 따라서 각종 상징적 표현들은 한정된 특정한 의미밖에 나타내지 않는듯 하면서도 그 배후에는 무한한 가능성을 시사하고 있다.

여기서 우리들은 만다라의 상징성을 이해하기 앞서 그 근원적인 문제인 만다라의 표출과정에 대해서 생각하지 않으면 안된다.

먼저 깨달음의 세계를 표상화해 가는 과정은『대일경』의「주심품」에 설해진 3구의 법문에 잘 나타나 있다.

『대일경』에서는 옳바른 깨달음이 무엇이며, 그러한 깨달음에 의해서 어떻게 중생을 교화할 수 있는가에 대한 방법론을 제시하기 위해서 삼구의 법문을 설한다. 여기서는 깨달음의 원인과 그 깨달음의 근본및 깨달음의 최종적 목적에 대해서 밝히고 있다.

즉 삼구의 법문은 "보리심을 인으로 하고, 대비를 근으로 하며, 방편을 구경으로 한다"는 내용이다.

붓다구히야의『대일경광석』에 의하면 "보리심을 인으로 한다"는 것은 깨달음을 의미하는 보리심의 종자가 자신에게 내재되어 있다는 것을 의미한다.

"대비를 근으로 한다"는 것은 중생의 괴로움을 구제하려는 자비를 근본으로 하여 일체중생을 깨달음으로 이끈다는 활동성을 의미한다.

"방편을 구경으로 한다"는 것은 깨달음을 얻은 자라고 할지라도 그것을 자기만의 것으로 간직하지 않고, 모두에게 그것을 베풀며, 최종적으로 그와 같은 이타행에 들어 가야한다는 다양한 방편을 의미한다.

이와 같이『대일경』에서는 보리심이라는 추상적인 개념을 구체화하기 위해서 대비를 설하고, 이어서 대비를 보다 구체적인 활동상으로 나타내기 위해 방편을 설하는 것이다.

따라서『대일경』에서 설하는 삼구의 법문은 이 경전의 핵심이자 밀교의 본질적인 문제를 최초로 제기한 것이라고 할 수 있다.

(2) 표상화의 방법

마음을 표상화하는 구체적인 방법을 제시하는 것은 삼밀이다. 삼밀이란 신밀, 구밀, 의밀이라는 인격적 활동형태의 총칭이다. 여기서 주목해야 할 것은 삼밀과 삼업의 개념이 지극히 중요한 문제라는 것이다.

『대일경』에서는 이 삼밀사상을 신구의만다라의 형태로 구체화하기에 이른다.

『대일경』에서는「주심품」에서 설하는 삼밀을「구연품」,「전자륜만다라행품」,「비밀만다라품」을 통해서 표상화하고 있다. 즉「구연품」에서는 신만다라를 통하여 신밀을 나타내고,「전자륜만다라행품」에서는 구만다라를 통하여 구밀을 나타내며,「비밀만다라품」에서는 의만다라를 통하여 의밀을 표상화하고 있다.

「비밀만다라품」에 의하면 수행자가 대일여래의 경지를 체득했을 때, 그의 신업은 형상의 만다라인 대비태장생만다라에 도상화된 모든 불보살의 활동과 같이 되고, 구업은 아자를 기반으로해서 종자로써 나타낸 구만다라를 통한 교화설법이며, 의업은 삼매야형으로 나타내는 의만다라로 모든 불보살의 서원을 실현하기 위한 삼밀의 활동이라고 설한다.

이것은 3종만다라를 통해서 수행자의 3업과 대일여래의 3밀이 하나이며, 이것들 모두가 중요하다는 것을 나타내려고 한『대일경』의 의도를 그대로 나타낸 것이다.

(3) 만다라의 표상화

① 신만다라

「구연품」에서는「주심품」의 삼밀이념을 계승하여 존격의 표상화를 시도하고 있다. 먼저 관상의 만다라를 통하여 표상화될 만다라를 이념화하고, 이어서 존격의 구체적인 형색을 도상화하게 된다. 이것이 신만다라이다. 제1중에는 주존인 대일여래를 중심으로하여 동방과 서방에 편지부와 지명부를 안치하고, 남방과 북방에 금강부와 연화부를 안치한다. 이어서 제2중의 동방에는 석가부및 천부를 안치한다. 그리고 제3중의 동방와 남방에는 문수부와 허공장부, 남방과 북방에는 지장부와 제개장부를 안치한다. 이와 같은 구상은「주심품」에서 설하는 삼구의 법문의 표상화라고 볼 수 있다. 즉 대일여래를 중심으로 한 제1중은 보리심 즉 대일여래의 깨달은 내용을 편지, 금강, 지명, 연화부를 통하여 나타내고, 대비의 방편상은 제2중의 석가와 천을 통하여 나타낸다. 그리고 방편의 구체적인 활동상을 문수, 지장, 허공장, 제개장부를 통하여 표출한 것이다.

여기서 만다라에 등장하는 존격들을 성격에 따라 분류하면 불과 여래, 보살, 명왕, 천부의 넷으로 나눌 수 있다. 간단히 설명을 더하자면 불이란 깨달은 자란 의미이며, 여래란 진리에 도달한 자를 지칭한다. 이들은 불교의 중심이되는 존격이다. 구체적으로는 역사적으로 실재했던 석가여래, 우주의 본체라고도 할 수 있는 대일여래, 그리고 양자의 중간적 역할을 맡고, 극락정토에서 우리들을 교화하고 계시는 아미타여래등이 있다.

여기에 대해서 보살이란 깨달음을 구하려고 정진하는 존재를 나타내고 있다. 이들은 불과 여래에 비해서 한층 우리들에게 가까운 존재이다. 예를 들면 자비를 나타내는 관세음보살, 지혜를 갖춘 문수보살, 미래의 구제자인 미륵보살등이 있다. 밀교적인 보살의 대표라고도 할 수 있는 금강살타도 여기에 들어간다.

세번째로 명왕이란 위대한 지혜의 주력을 가진 왕을 의미하는데, 그 막강한 힘으로 적을 항복시키기 때문에 공작명왕과 같은 일부의 명왕을 제외하고는 분노의 형상을 하고 있다. 그 중에는 인간의 형태와 전혀 다른 모습을 하고 있는 다면다비의 상을 하고있는 것들도 많다.

마지막으로 천부는 대부분 힌도교에서 채용된 신들이다. 예를 들면 대흑천, 변재천, 길상천등이다. 이들 제천들은 명왕과 마찬가지로 불교를 수호하는 역할을 함과 동시에 현세의 수 많은 욕구를 달성하게 하는 역할도 맡고 있다.

② 구만다라

「전자륜만다라행품」에서 설하는 구만다라는 티베트역에 나타나 있듯이 자륜은 문자의 만다라를 의미한다.

『대일경』의 주석자 붓다구히야에 의하면 아자는 여래의 몸에서 나온 것으로 세간과 출세간에 걸쳐서 강력한 힘을 발휘하며, 본불생의 법성인 아자는 인간의 생명과 같은 것으로 일체법은 아자에서 출생하는 것이라고 한다. 또한 아자를 모든 문자의 종자라고 설한다.

어쨌든 이 만다라는 중앙의 아자를 중심으로 한문본에서는 4중구조, 티베트본에서는 3중구조를 하고 있다.

이 만다라의 구조를 보면 제1중의 중앙에는 대일여래를 중심으로하여 동방에 일체불모를 의미하는 암자를 비롯하여 동남방에 카자(여의보주), 남방에 바자(지금강), 서남방에 함자(부동명왕), 서북방에 하자(항삼세명왕)), 북방에 사자(관자재보살), 동북방에 가자(허공안)가 위치하고 있다.

그리고 제2중에 대해서 선무외는 석가모니를 의미하는 바자를 비롯하여 파자(무외결호자)를 배치하고, 남방에 크샤자(금강무승결호자), 서방에 사하자(난항복결호자), 북방에 바자(괴제포결호자)를 안치하고 있다.

붓다구히야는 이 부분에 대해서 제2중은 만다라의 중간에 위치하고 있으며, 여기에는 수용신과 변화신이 머물고 있다는 주석을 가하고 있다.

제3중에는 동방에 문수사리를 의미하는 밤자를 비롯하여 남방에 아하자(제일절개장), 서방에 이자(허공장), 북방에 장음이자(지장), 동북방에 차자(광강)가 위치하고 있다.

여기서 붓다구히야는 제3중에 대해서 이 부분에는 문수사리의 지혜에서 생한 보살들이 주하고 있다고 했다.

선무외는 그의 주석에서 종자의 색채에 대하여 백색은 대일여래 자신을 나타내는 색이며, 청정무호구를 의미하는 것으로 보았고, 적색은 허공과 같은 것으로 파괴되지 않는 것, 황색은 탐진치의 3독을 제거하며, 그 광명이 일체에 편만함, 청색은 생사의 초월을 의미하며, 일체의 공포로 부터 벗어남, 흑색은 모든 악마를 항복시킴을 의미하는 것으로 받아들였다. 따라서 선무외계의 구만다라도 신만다라와 마찬가지로 색채에 의해서 불보살들이 가지는 서원을 문자로 나타내려고 했음을 알 수 있다.

③ 의만다라

「비밀만다라품」에서는 의만다라를 통해서 법계에 들어갈 수 있다는 것을 설한다. 또한 어떤 형태로 나타내든 만다라의 본체는 지, 수, 화, 풍, 공의 5륜으로 이루어진 법계탑이라는 것을 강조한다. 여기서 의만다라(삼매야만다라)라고 하는 것은 불보살의 서원을 나타내는 지물과 상징적인 표치로부터 수인까지도 포함한 만다라를 말한다.

붓다구히야에 의하면 외공양을 행할 때 사용되는 향, 향로, 등등을 인으로써 표현하며, 향을 불보살에게 봉헌할 경우에는 금강권이나 연화인을 결하고, 향로는 금강권, 등은 연화인을 가지고 나타낸다고 설한다. 즉 법구나 수인까지도 의만다라를 구성하는 요소라는 것을 의미한다.

그리고 선무외의 『대일경소』에는 식재, 증익, 항복의 3가지 목적을 성취하기 위한 호마에 대해서 설해져 있는데, 여기서 3가지 호마에는 각각 다른 형태의 화로를 사용한다. 즉 식재는 원형, 증익은 사각형, 항복은 삼각형으로 되어있다. 이와 같은 화로의 형태도 상징물을 통해서 그 뜻을 나타내려고 한 의만다라의 구성요소이다. 그 외에도 우리들이 흔히 접할 수 이는 금강저나 금강령, 연화등도 모두 여기에 속한다.

이상으로 『대일경』의 신 · 구 · 의만다라를 중심으로 해서 붓다구히야 와 선무외의 주석서를 참고하면서 만다라의 표상화과정 및 상징적 표현들에 대해서 알아 보았다. 여기서 우리들은 시각적으로만 접할 수 있었던 만다라의 형성이 대승경전의 사상적 전개와 더불어 밀교화된 경전에 의해서 표상화되고, 상징적으로 표현되었다는 것을 알 수 있다.

또한 불보살의 세계가 가지고 있는 수 많은 가능성, 즉 삼밀의 세계가 신구의의 만다라를 통해서 구상화되고, 그것이 형색, 문자, 삼매야형을 통해서 형상화되어 가는 과정을 살펴 보았다. 우리들은 이와 같은 만다라의 표상화과정을 살펴봄으로써 만다라의 상징적 표현들이 단순한 도화가 아니라 불보살의 세계가 외적으로 나타난 것임을 알 수 있다.

2. 만다라의 구조

1) 만다라와 수미산

우리들은 만다라를 우주적인 개념으로 받아 들인다. 그것은 만다라가 우주적 생명력을 가진 불보살의 세계를 표상화시킨 것이기 때문이다.

그러나 만다라는 표면적으로 나타낼 수 있는 도식적 방법만을 통하여 모든 것을 나타낼 수 없다. 그 세계는 우리들의 사고가 미치지 않는 부분까지도 포함하고 있다. 즉 만다라는 한계도 양도 헤아릴 수 없는 불보살과 수행자가 지닌 마음의 세계를 표상화시킨 것이다. 따라서 만다라는 우리들 마음속의 세계이며, 불보살의 세계이기도 하다.

이런 점에서 소승불교의 세계관인 수미산세계도 만다라의 세계와 유사한 점이 있다. 수미산세계의 전체적 구상은 우리들의 감각기관을 통해서 감지할 수 있는 가시적인 세계가 아니다. 그것은 당시 사람들의 사고속에서 나온 세계이다. 단지 만다라와 차이가 있다면 만다라는 불보살이 머무는 깨달음의 세계를 표상화한 것인데 대하여 수미산세계는 중생들이 거주하는 세계를 전제로 하여 구성되었다는 것이다. 그리고 만다라의 상징적 세계상은 자신이 깨달음을 얻지 않는 한 체득할 수 없는 반면 수미산세계관은 소승불교의 대표적 세계관으로써 깨달음의 세계가 아닌 중생들의 거주지를 중심으로 하여 이루어져 있다.

우리들은 우주와 세계라는 용어에 대하여 공간적 시간적 존재 전체를 의미하는 개념으로 받아 들인다. 즉 우(宇)와 계(界)는 공간을 의미하며, 주(宙)와 세(世)는 시간을 의미하는 것으로 본다. 여기서 우주란 용어는 오랜 옛날 부터 중국에서 쓰고 있었다. 그리고 불교가 전파되면서 세계라는 용어가 쓰이기 시작했다. 중국인들은 인도로 부터 불교가 전파되자 산스크리트의 로카(loka)는 세(世)로 번역하고, 다투(dhātu)는 계(界)로 번역하였다. 따라서 이 두 단어의 합성어인 로카다투(lokadhātu)는 세계로 번역되었던 것이다. 우주와 세계간의 가장 큰 차이는 우주가 인간의 존재를 반드시 전제로 하지 않는데 반하여 세계는 인간을 불가분의 존재로써 그 중에 포함시키는데 있다. 이런 점에서 만다라는 역시 세계적 개념보다는 우주적인 개념을 가진 것으로 보아야 할 것이다. 소승불교에서는 인간의 업(業)에 의해서 세계가 형성되고, 업에 의해서 유지되다가 업에 의해서 소멸된다고 여겼다. 또한 대승불교에서는 세계가 인간의 마음속에 있다고 까지 말한다. 그 만큼 불교에서 세계라는 용어는 인간의 생활이나 운명을 강하게 의식하면서 사용되었다.

이와 같은 소승불교나 대승불교의 세계관은 만다라의 성립과 무관한 관계에 있지 않다. 소승불교에서 말하는 업(業)은 만다라적 우주관의 입장에서 보면 불(佛)과 수행자의 활동과 같은 것이다. 그것은 불보살의 활동이 수행자의 마음과 상응하여 주객의 관계를 떠났을 때 비로소 만다라라는 세계상으로 나타나기 때문이다.

또한 경전과 논서에서 설명하는 수미산세계는 허공중에 풍륜(風輪)이 있고, 그 위에 수륜(水輪)이 있으며, 수륜의 윗부분은 금륜(金輪)으로 되어 있다고 한다. 이 3층구조로 된 수미산세계의 기반은 만다라를 도상화하기 전에 건립하는 토단과 같은 것이다. 즉 수행자는 만다라를 건립할 때 먼저 만다라의 기본틀인 단을 쌓은 다음, 그 윗부분을 정지하고 거기에 만다라를 도화한다. 마찬가지로 수미산 세계도 3층의 륜(輪)위에 세계가 형성되어 있다.

금륜의 중심에는 수미산이 우뚝 솟아 있고, 이것을 중심으로 7개의 산맥이 중첩되어 있다. 일곱 개의 산맥 밖에는 네 개의 대륙이 있고, 정상에는 제석천을 중심으로 한 삼십삼천의 세계가 있다. 그리고 그 중간쯤에는 일월성진(日月星辰)이 둘러싸고 있다.

수미산의 윗쪽에는 공거천에 속하는 야마천, 도솔천등이 있다. 이것을 욕계라고 하며, 그 위의 색계와 무색계를 더하여 삼계(三界)라고 한다. 나아가서 수미산을 중심으로 한 세계를 일세계(一世界)라고 한다. 우주에는 이와 같은 세계가 무수히 많이 있다. 그것을 천개 모아서 소천세계(小千世界), 다시 그것을 천개 모아서 중천세계(中千世界)라고 한다. 그리고 중천세계를 천개 모으면 대천세계(大千世界)또는 삼천대천세계가 된다. 이것은 천을 세제곱한 숫자의 세계, 즉 십억개의 세계가 모인 것이다.

이와 같은 입체적 세계상은 현재 인도네시아의 보르부두르에 남아 있는 입체만다라와도 유사하다. 하여튼 소승불교에서는 수미산을 중심으로 하여 이루어 지는 세계와 더불어 삼천대천세계까지도 설하고 있기 때문에 우주적 개념의 만다라와 크게 다를 바 없다.

2) 만다라와 연화

우리들은 불상이 안치되어 있는 대좌(臺座)나 『법화경』, 『화엄경』등의 경전명, 그리고 현재 전승되고 있는 만다라의 중심부에 위치한 팔엽연화(八葉蓮華)를 통하여 연화가 불교와 얼마나 밀접한 관계를 가지고 있는가를 알 수 있다. 연화의 기원은 멀리 고대 이집트에 까지 거슬러 올라갈 수 있다. 이집트 『사자(死者)의 서(書)』에는 오시리스신 앞에 호오라스신의 네 아들이 연화위에 서 있는 그림과 연화에서 발생하는 사람머리를 한 태양신의 그림이 있다. 오시리스는 풍요를 약속하는 농업신이며, 천지창조의 신이다. 호오라스는 태양이다. 태양이 연화를 좌(座)로하는 것은 연화가 태양을 산출하는 것이라고 생각되었기 때문이다. 인도에서는 베다시대 세계의 만물을 산출하는 것은 부라흐만(Brahman)이라고 여겼다. 이 때 브라흐만을 연화로 나타냈다. 그것은 연화를 만물창조의 근본으로 여겼기 때문에 브라흐만을 인격화한 범천(梵天)을 연화로 상징화했던 것이다. 또한 연화는 여성의 심볼로도 여겨져서 만물을 산출하는 위대한 힘을 가진 것으로 간주되었다. 불교에서는 이 생명력을 불타(佛陀)의 교화력, 법자체로써 뛰어난 법, 묘법으로써『묘법연화경』이라는 경전을 성립시키고, 대생명력과 더불어 진흙에서 나오면서 오염되지 않는 연화를 정보리심(淨菩提心)으로 간주하였다. 또한 극락정토는 연못속에 피는 연화를 가지고 나타낸다고 한다. 이것은 청순한 마음과 영원한 생명의 세계를 나타내서 정토로 본 것이다. 현재 티베트와 일본에서 전승되고 있는 만다라의 중심에 있는 팔엽연화(八葉蓮華)는 연화의 세계를 나타낸 것으로 태아가 출생해서 무한히 성장해 가는 것처럼 그 속에 감춰져 있는 마음의 보배가 발현되었을 때 영원한 생명을 얻고, 무한히 발전해 가는 것을 나타낸다. 또한 마하브하라타의 천지창조신화에 연화가 등장한다. 그것은 영겁(永劫)에 걸처 명상하는 비슈누신이 7개의 머리를 가진 용위에 누워 세계를 창조하려는 생각을 했을 때 비슈누신의 배꼽에서 연화가 피어오르고, 그 연화위에 창조신인 범천이 태어났다는 것이다. 용은 천(天)과 공(空)을 비롯하여 일체의 물을 지배하는 것이며, 비슈누는 대생명의 상징이다. 명상할 때 범천이 생긴 것은 그 창조신이 단순한 자연계의 물질이 아니라 정신적인 인격의 창조를 의미하는 것이다. 그것은 청정심과 인격의 창조를 의미하며, 연화좌위에 있는 불교제존의 모습을 상기시킨다.

연화는 야차신의 부류인 파드마파니와 연관성을 가지고 있으며, 많은 연화부중(蓮華部衆)을 창출한다. 또한 야차로써 금강(金剛)을 가진 바즈라파니가 근본이 되어 많은 금강부중(金剛部衆)을 만들어 낸다. 이들이 범천,제석천등과 습합해서 연화와 금강신들은 만다라를 구성하는 주요존이 되었던 것이다.

이상과 같이 이집트, 인도등지에서 연화에 대한 신앙이 존재하고 있었으며, 이것이 밀교의 만다라에까지 채용되어 중요한 위치를 점하고 있음을 알 수 있다. 그러면 밀교경전이 성립되기 전에 신앙되었던『화엄경』의 내용중에서 연화를 중심으로 한 세계상을 설하고 있는 연화장세계의 구조에 대해서 알아 보기로 한다.

『화엄경』의 「화장세계품(華藏世界品)」에 의하면 "세계는 수 많은 풍륜(風輪)이 중첩되어 있는 위에 존재하는데 그 풍륜은 수미산을 조각내어 모래입자로 만든 수 만큼 있다. 맨 밑에 있는 풍륜을 평등주(平等住)라 하고, 그 위에는 불꽃처럼 빛나는 보석장식이 가득차있다. 그 위의 풍륜을 출생종종보장엄(出生種種寶

莊嚴)이라고 하며, 보석중에서 가장 뛰어나다고 하는 마니왕(摩尼王)으로 장식된 당(幢)이 빛나고 있다."
고 설해져 있다. 『화엄경』에서는 이와 같은 형식으로 아래에서 부터 10번째 풍륜까지 설명하고 있다.

여기서 맨 위의 풍륜은 수승위광장(殊勝威光藏)이라고 하는데 그 위에 향수해(香水海)라고 하는 향수로 가득찬 바다가 전개된다. 그 향수해에서 대연화(大蓮華)가 피어나고 그 속에 연화장세계(蓮華藏世界)가 있다. 실재로 이와 같은 연화장세계는 실제의 연화를 명상을 통하여 우주의 크기로 확대 변용시킨 것이다. 즉 연화는 수술부분이 있는 꽃의 중심부로 부터 그 둘레에 겹겹으로 꽃잎이 둘러 쌓여 있다. 대연화의 가장자리를 둘러 싸고 있는 연꽃잎들은 화장세계(華藏世界)를 감싸는 산맥, 즉 대륜위산(大輪圍山)이다. 연잎은 산봉우리가 되어 있다. 연화의 안쪽에 차 있는 꿀(蜜)은 화장세계의 향수(香水), 수술은 보림(寶林)이나 향초(香草)에 비유되고 있다. 그리고 대연화의 중앙에 있는 꽃의 몸체(花托)는 화장세계의 대지(大地)이다. 그것은 금강(金剛)으로 되어 있기 때문에 견고하고, 깨끗하며, 평평하다. 꽃의 몸체위에는 과실을 맺게 하는 몇 개의 구멍이 있다. 그 구멍 하나 하나는 화장세계의 향수해(香水海)이다. 화장세계에서 그 수는 무수의 불국토를 가루로 만들었을 때의 입자수만큼 존재한다.

각 향수해의 해저나 해안은 보석으로 이루어져 있다. 향수해의 물은 서로 통해 있으며 여러가지 보석색을 띠고 있다. 또한 여러가지 보화(寶華)가 그 주위를 둘러 싸고 피어 오른다. 불(佛)의 소리가 들리며, 보살들이 양산(陽傘)을 가지고 있다. 십보(十寶)로된 계단, 누각, 수림, 백련등이 무수히 들어서 있다. 향수해에는 많은 향수하(香水河)가 흘러 들어 오고 있다. 강은 오른쪽으로 돌아 흘러 들어 오는데 그 언덕도 보석으로 되어 있으며, 제불의 보운(寶雲)을 휘돌려서 중생의 소리를 낸다. 물의 소용돌이 부분에는 제불(諸佛)의 행위나 모습이 나타나 있다. 강과 강사이의 땅도 각양 각색으로 장식되어 있다. 이것은 연화를 중심으로 한 대승불교의 세계관인데 후에 만다라의 기본틀을 형성한다.

3) 만다라와 부족

만다라를 구성하는 요소 중에서 불과 보살, 그리고 천부중들은 매우 중요한 역할을 담당하고 있다. 그들은 만다라의 성격을 규정하는 결정적인 역할을 담당할 뿐만이 아니라 화합과 조화를 기반으로 진리의 세계를 표상화하는 방편이 되고 있다. 우리들은 그들의 형상이나 지물, 종자(種子)등을 통하여 문자로 나타낸 부처님의 말씀을 시각적으로 접할 수 있게 되는 것이다. 그들의 형상과 활동상은 우리들에게 수행의 길잡이가 되며, 실지성취 내지 즉신성불의 지름길을 제시한다.

흔히 우리들은 경전이라고 하면 이해하기 어려운 교리나 엄격한 계율등을 담고 있는 것으로 생각하기 쉽다. 그러나 석가모니부처님이 열반에 든 후 불교는 다양한 모습으로 변천해 왔다. 전문적인 수행자들을 중심으로하여 교학적인 진위를 가리던 부파불교시대를 거쳐 일반대중에 대한 신앙적 측면까지도 고려한 대승불교시대를 맞이하게 된다. 이어서 교리적인 깊이 보다는 실리를 추구하는 중기, 후기불교시대에 이르면 다양한 의식이나 수행방법이 등장한다. 여기서 우리들이 주목해야할 것이 시각, 청각등의 감각기관까지도 총동원하여 각개인의 목적을 달성하려고 했던 밀교적 요소를 띤 경전들의 등장이다. 이와 같은 시대적 흐름속에서 우리들앞에 다가온 것이 바로 만다라이다. 앞에서도 여러번 언급한 바와 같이 만다라는 단순한 채색화가 아니라 기나긴 불교의 역사속에서 수행자를 위하여 제시된 최고의 불교이론이자 수행의 방편인 것이다.

여기서 우리들은 만다라를 구성하는 그들의 세계를 분석해봄으로써 불법의 오묘한 세계에 접근해 볼수 있다고 생각된다. 먼저 만다라를 구성하는 불보살과 천중들은 집단을 구성할 때 삼부형식(三部形式)을 기본으로 한다. 물론 처음부터 삼부의 조직을 가지고 있던 것은 아니다. 수 많은 경전들속에서 나름대로의 역할을 담당하고 있던 제존들이 어떤 하나의 밀교적 성격을 띤 경전이 성립함에 따라서 집단을 구성하게 된 것이다. 여기서 삼부형식이라고 하면 불부, 연화부, 금강부를 가리키는데 불부는 불의 집단, 연화부는 관세음보살의 집단, 금강부는 금강수의 집단을 의미한다.

이와 같이 불교경전에서 불보살과 천중들이 부족의 집단을 형성하게 된 것은 경전의 전개과정에서 나타난 필연적인 사실로 받아 들일 수도 있지만 힌두교에서 신들이 집단을 이루며 그들의 세계를 나타내려고 했던 것과 무관하다고는 볼 수 없다. 일설에 의하면 관세음보살의 집단인 연화부는 힌두교의 비슈누, 금강수의 집단인 금강부는 시바신의 무리들로부터 영향을 받고 있다고도 한다.

그리고 이들 각부는 구심점이 되는 부주(部主)를 중심으로 하여 집단을 구성하게 된다. 여기서 부주들은 부족의 장이 되어 부족원들을 통솔하며 각각의 서원을 취합하여 만다라 전체의 성격에 맞도록 활동한다. 예를 들면 관음의 부족들은 관세음보살이 나타내려고 하는 자비, 금강수는 지혜의 서원을 분담하게 된다. 또한 그들은 만다라 전체가 의미하는 진리의 세계를 표상화하는 역할분담을 하고 있다.

삼존형식의 대표적인 만다라로써는 대비태장생만다라를 들 수 있는데 이것은 경전의 전개사적 관점에서 보면 삼존형식에 그 기원을 가지고 있다.

초기밀교경전의 하나로 볼 수 있는『다라니집경』에 의하면 석가모니를 중심으로 하여 금강수와 관세음보살이 좌우에 위치하는 삼존형식으로 구성되어 있다. 이것은 후세에 대비태장생만다라를 거쳐 금강계만다라의 형성에 지대한 영향을 끼치고 있다.

우리나라의 사찰에서도 중앙의 불을 중심으로 하여 양측에 보살이 위치하고 있는 삼존형식을 흔히 발견할 수 있다. 이와 같은 삼존형식은 물론 경전들에서 그 예를 찾아 볼 수 있는데 그 중에서 몇 가지 예를 들면 다음과 같다.

삼존형식의 원초적인 형태는 대략 6세기경에 형성된『무리만다라주경』에서 찾을 수 있다. 양나라때 번역된 이 경전에 의하면 중앙의 불을 중심으로 하여 좌우에 금강저를 든 금강수와 마니에 연화를 든 마니발절라가 위치하고 있다. 여기서 마니를 가지고 있는 마니발절라는 관세음보살이나 그 배우자에 해당한다고 생각된다. 단 이 경전에서는 두 부분에서 발견되는 금강수와 마니발절라는 그 위치가 고정되어 있지 않다. 후세에 이르면 관세음보살은 우측, 금강수는 좌측에 고정적으로 배치되어 있기 때문에 이 경전은 삼존형식을 형성해가는 초기단계에 있다고 생각된다.

그리고 이 경에 이어 등장한『다라니집경』을 보면 중앙의 본존을 중심으로 해서 좌우에 각각 금강장보살과 관세음보살을 배치하고 있다.

나아가서『대일경』에 이르면 아(a), 사(sa), 바(va)의 3종자자로 삼존형식을 나타내고 있다. 그러나 여기서 말하는 3종자자는 반드시 불, 관음, 금강이나 불부, 연화부, 금강부를 직접나타낸다고 볼 수 없다. 단 선무외의『대일경소』에 이르러 아자를 불부, 사자를 연화부, 바자를 금강부라고 하는 삼부개념이 확립되었다. 이것은『대일경』의 주석자인 선무외가『소실지경』을 번역하였기 때문에 거기에 영향받았을 것으로 여겨진다. 하여튼 시대적 선후관계는 불분명하지만 삼부조직이 한층 정비된 것은『소실지경』이라고 볼 수 있다. 이 경전에 의하면 삼부조직과 불보살의 관계및 의식에 관하여 언급하는 부분이 있는데 그것을 정리해 보면 다음과 같다. 즉 불부는 식재, 관음부는 증익, 금강부는 항복법을 수습할 때 필요하다고 설한다.

이와 같은 삼부의 형식은 시간의 흐름에 따라서 재보(財寶)의 새로운 속성을 대표하는 마니족과 갈마족이 부가된다. 이렇게하여 삼부조직의 대표적인 만다라로써 대비태장생만다라, 오부조직의 대표적인 만다라로써 금강계만다라가 형성되는 것이다. 나아가서 후기밀교의『헤바즈라탄트라』와 같은 모탄트라에서는 본초불적 성격을 가진 육부족이 등장한다.

4) 만다라와 불보살

인도나 티베트, 동북아시아권에서 전개된 만다라의 실천체계속에서 불보살들은 어떤 역할을 담당하고 있는 것일까? 그것은 불보살의 성격에 따라 대략 다섯종류로 구분할 수 있다.

첫번째로 만다라의 중앙에 위치하는 것이 중존(中尊)인데, 이 존은 불이나 여래에 한정되지 않고, 보살이나 명왕까지도 포함된다. 태장만다라의 경우는 대일여래, 초선삼존만다라는 문수보살, 인왕경만다라는 부동명왕이 중존으로 되어 있다. 그리고 동자경만다라에서는 건달바신이 중존이다.

한편 중존은 원칙적으로 한 존이지만『법화경』의 견보탑품에 의거한 법화경의 만다라는 석가와 다보의 두 여래가 중앙의 보탑속에 나란히 위치하고 있다. 또한 헤바즈라만다라와 같은 인도나 티베트의 후기밀교계 만다라에서는 중앙에 배우여존을 껴안고 있는 분노형의 부모합체불이 중존으로 되어 있다. 이들 중존은 각각 만다라의 성격을 규정짓는다.

두번째로 중존의 서원을 각양각색의 형태로 나타내는 권속존(眷屬尊)이 있는데 이들은 주로 보살과 명비로 구성되어 있다.

권속존은 중존에 딸려 있으면서도 중존과 그 역할을 분담하게 되는데 그룹을 형성하여 역할을 수행하는 경우가 매우 많다.

즉 중존이 아니더라도 그에 버금가는 중요한 역할을 맡고 있는 권속존에는 그들에 딸린 다수의 권속들이 부속되어 있다.

태장만다라의 경우를 보면 관음의 집단, 금강수의 집단, 문수보살의 집단, 지장보살의 집단 등에는 권속존의 성격을 띤 각 집단의 주존이 그룹을 형성하여 다수의 권속들을 거느리고 있다. 권속존의 종류는 매우 많으나 중존이 어떤 존이냐에 따라서 구분할 수 있는 대표적인 예를 들어 보면 다음과 같다. 첫번째로 중존이 태장대일여래일 경우, 권속존으로 태장4여래(4불), 금강계대일여래일 경우, 금강계4여래(4불), 석가여래일 경우, 그의 10대제자, 약사여래일 경우, 12신장, 아미타여래일 경우, 25보살, 천수관음일 경우, 28부중, 지장보살일 경우,10왕, 보현보살일 경우, 10나찰녀, 부동명왕일 경우, 2대동자나 8대동자, 비사문천일 경우, 5태자나 8대야차, 변재천일 경우, 15동자등이 위치한다.

두번째로 배우존(配偶尊)이 있는데 이 존은 주로 인도나 티베트계통의 만다라에서 나타나는 하나의 양상으로 중존과 일체를 이룬다. 흔히 우리들은 중존과 배우존의 결합상을 보고 밀교의 성격을 규정짓는 경우가 있는데 그것은 이 계통의 사상적 흐름을 이해하지 못하면 오해를 불러 일으킬 수 밖에 없다.

동북아시아권의 전통적인 만다라에서는 인도나 티베트의 만다라와 같이 성스러운 불보살들의 집회에 배우존(配偶尊)이라고 하는 형이상학적인 존격을 도입한다는 것이 그리 쉬운 일은 아니다. 그러나 주의 깊게 태장만다라를 분석해보면 거기에는 '부모'나 '불모'라는 명칭을 가진 존격들이 있음을 알수 있다. 여기서 부모나 불모는 교학적으로 모(母)의 의미를 강조해서 '불보살들을 출생하는 존재'를 나타내기 위한 것으로 모(母)는 당연히 부(夫)의 배우자이며, 실재로 부모(部母)는 부주(部主)의 배우존인 것이다.

예를 들면 『대일경』에 의거한 태장만다라보다 먼저 성립되었다고 일컬어지는 선무외(善無畏)역의 『소실지경(蘇悉地經)』에서는 불부(佛部), 연화부(蓮花部), 금강부(金剛部)의 3부에 대해서 각각 불안(佛眼), 백의(白衣), 마마키의 3부모(部母)를 상정하고 있다. 훗날 이들 3종의 부모들은 『대일경』에 채용되어 태장만다라에서 비교적 중요한 위치를 점하게 되었다.

여기서 배우존의 존재는 '출생'의 절대적 근거로써 남녀양성의 부처님들이 자(子)로써의 보살이나 다른 불(佛)들을 한 없이 출생하는 것을 나타낸 것이다.

세번째로 공양존(供養尊)이 있는데 여기서 공양(供養)이란 성스러운 것에 대해서 존경의 뜻을 표하는 것으로 어떤 것을 바치는 것을 의미한다. 불보살에게 바치는 공양물로는 초기불교의 의복, 음식, 침구, 탕약(湯藥)의 4사공양(四事供養)을 비롯하여 『법화경』의 화(華), 향, 영락(瓔珞), 말향(抹香), 도향(塗香), 소향(燒香), 회개(繪蓋), 동번, 의복, 기락(伎樂)의 10종공양등, 그 범위는 매우 넓다.

또한 인도의 불전(佛傳)조각 중에서는 스잔타에 의한 유미공양이나 왕사성의 미후봉밀상이 널리 알려져있다. 그리고 불탑을 산개(傘蓋)나 당번으로 공양하는 예로는 아마라바티대탑의 부조(浮彫)가 있다.

만다라에서도 이와 같은 공양의 요소가 발견되는데 그 대표적인 것으로 금강계만다라에 등장하는 내외의 4공양보살을 들 수 있다.

네번째로 호법존(護法尊)은 대개 인도의 신화에 등장하는 신들의 무리인데 후세 불법에 귀의하여 호법존의 성격을 띠게 된 것이다.

만다라가 일종의 성역공간인 이상, 그 성스러운 성질을 지키는 결계(結界)의 요소를 인정하지 않을 수 없다. 여기서 호법존은 중존(中尊)으로 대표되는 불법을 수호하기 위해서 존재하는 결계적 성격의 존격이다.

또한 호법존은 만다라중앙의 성곽구조의 성문에 위치하는 경우가 많기 때문에 문호존(門護尊)이라고도 한다. 동북아시아권의 만다라에서 태장만다라(석가의 집단, 천들의 집단등)를 제외하고는 문표(門標)를 나타내는 경우가 매우 드물지만, 티베트계의 만다라에서는 중앙 성곽의 4방에 각각 하나씩의 문을 건립하여 원래의 구조적 이미지를 살리고 있는데, 그 속에는 분노형의 문호존을 안치한다.

이상의 5종의 역할을 하는 존격을 염두에 두고 만다라상의 불보살들을 거시적인 입장에서 바라볼 때, 만다라의 특색이라고 할 수 있는 공간성과 복수성, 그리고 중심성과 조화성이 매우 치밀하게 구현되어 있음을 알 수 있다. 즉 만다라상의 각존은 원심력(遠心力)이 작용하는 것과 같이 중존의 가르침이 먼저 가까운 권속존에게 전달되고, 다음에 공양존, 호법존등의 외부의 보살, 명왕, 천들에게 전달 되어 가는 것이다.

반대로 구심(求心)의 입장에서 보면 원래 외교(外敎)의 신들이었던 천부의 존격들이 내부의 중존(中尊)에 대해서 귀의해가는 과정을 나타내는 것이다.

이와 같이 두 종류의 서로 대응하는 흐름, 즉 성(聖)과 속(俗)의 2차원을 역대응의 흐름으로서 연관시키려고 한 것이 만다라상의 존상배치이다.

5) 얀트라와 만다라

지금까지 불교의 만다라가 가지고 있는 의미와 그것의 구조및 현대적 활용에 대해 대해서 소개했다. 불교에서는 만다라를 수행의 방편으로 활용하고 있으며, 그것은 불보살의 세계내지 수행자자신의 순수심리를 상징적으로 표현한 것이다. 따라서 도상으로 나타낸 만다라든 관상을 통하여 표출한 만다라든 주와 객이 있을 수 없는 것이다. 즉 수행자는 내적 만다라의 세계를 외부에 나타내든 외적 만다라의 세계를 자신의 내면세계에 끌어 들이든 그것은 하나가 아닐 수 없다. 그리고 내외의 세계를 하나로 통합했을 때 바로 수행자는 깨달은 자가 되는 것이다.

불교의 경전에서 설하는 많은 종류의 만다라는 궁극적으로 깨달음의 세계를 상징화한 것으로 볼 수 있다.

반면 힌두교의 만다라인 얀드라는 신(神)의 세계를 도식화하여 나타내는데 그 목적이 있으며, 그 자체에는 무한한 영적인 힘이 내재되어 있기 때문에 수행자나 신자들은 그것을 소지하는 것만으로도 많은 공덕을 얻을 수 있다고 믿고 있다. 여기서는 지면이 허락하는대로 힌두교의 만다라라고 할 수 있는 얀트라에 대해서 소개하기로 한다. 힌두교에서는 일체 신의 초월적 의식활동이 만트라의 실체이고, 동시에 그것을 도식으로 표현한 것이 얀트라(Yantra)라고 한다. 얀트라라는 말은 원래 '나타내다', '자취을 남기다'라는 뜻을 가지고 있는데 이것은 얀(Yan)이라는 어근에 명사를 만드는 트라(Tra)라는 후접자를 붙인 것으로 "신의 의식을 표현하여 자취를 남긴다"는 뜻을 가지고 있다.

얀트라를 표현하는 방법은 신의 종류에 따라서 삼각형, 사각형등으로 나타낸다. 또한 얀트라는 차크라(Cakra)라고도 불리는데, 이것은 위륜(圍輪), 경역(境域)등의 뜻을 가지고 있으며, 신의 심오한 영역을 도식으로 나타낸 것이기도 하다.

특히 얀트라와 차크라를 구분, 삼각이나 사각등의 각(角)만을 가지고 도식으로 나타낸 것을 얀트라, 그 들 각과 더불어 연꽃잎등을 도식에 채용한 것을 차크라라고 한다.

하여튼 힌두교의 만다라는 신의 의식전개나 신의 성스러운 음성인 만트라를 도식화한 것을 신자체로 보며, 제재초복을 가져다주는 신비적인 힘을 가지고 있다고 믿기 때문에 그것을 금속판에 새기거나 종이 위에 그려서 작은 원통에 넣은 다음 수행자나 신자의 몸에 지니게 되어 있다.

이 얀트라 중에서 가장 신성한 것으로 숭배되는 것이 길상륜이다. 이것은 힌두교의 경전중에서 『탄트라라자탄트라』나 『카마카라비라사』 등에 설명되어 있다.

이 길상륜은 9개의 삼각형과 9개의 차크라로 이루어져 있다. 즉 이것을 가지고 신의 의식활동을 나타내는 것이다.

이 우주가 전개되는 것이나 그것을 자체에 흡수, 소멸시키는 활동도 그렇게 하려는 신의 의욕에 따라서 이루어진다. 그 의욕이 차례로 전개되기 위해서는 그것의 원동력이 되는 시바의 영적인 힘이 둘로 나뉘며, 이 둘로 나뉘어진 것이 다시 합일 새로운 어떤 하나를 출생하는 것이 필요하다.

힌두교에서는 이것을 도식을 가지고 나타내기 위해서 삼각형과 역삼각형을 쓴다. 여기서 삼각형의 경우는 윗쪽의 각이 신의 의욕, 아래 두변의 각이 각각 체와 용을 나타낸다. 그리고 이 삼각형은 네개로 나뉘는데 이것은 신의 적정력, 행동력, 예지력, 의욕력을 나타낸다고 한다. 한편 역삼각형의 경우는 이것과는 반대로 위의 두변의 각이 체와 용, 그리고 아래의 각이 신의 의욕을 나타내며, 이 신의 영적인 힘은 다시 다섯개의 삼각형으로 나뉘어 그의 최승력, 모체력, 파괴력, 유지력, 창조력을 나타낸다.

이 중에서 최승력이나 적정력을 나타내는 중앙의 삼각형이 기본을 이루며, 그 외의 것들은 이것을 세분화하여 네개나 세개로 나눈 것이다.

그리고 차크라는 신의 의욕에서 유래하는 것을 9가지로 나누어 나타낸 것이다. 먼저 도식의 중심을 나타내는 점은 일체의 묘락을 의미한다. 두번째로 중앙의 삼각륜은 일체의 실지수여, 세번째 8개의 삼각륜은 일체질병제거, 네번째 10개의 삼각내륜은 일체의 수호달성, 다섯번째 10개의 삼각외륜은 일체의리성취, 여섯번째 14개의 삼각륜은 일체번영수여, 일곱번째 8개의 연꽃잎은 일체의 진동소멸, 여덟번째 16개의 연꽃잎은 일체 소원충족, 아홉번째 방형의 최외곽륜은 삼계의 명암소생을 의미한다.

여기서 첫번째 중앙의 점은 얀트라의 중심을 이루는 것으로 이곳은 신이 위치하는 자리를 나타내는 것이다. 이것은 신의 의지나 묘락을 나타낸다고 하는데 여기에는 신의 유(有), 지(知), 희(喜)의 세가지 의미가 담겨 있다고 한다. 그리고 이 점이 전개되어 나아가는 것이 중앙의 삼각형이며, 이것은 브라흐만, 비슈누, 시바의 속성인 창조, 유지, 파괴를 나타낸다.

이와 같이 힌두교의 만다라라고 할 수 있는 얀트라는 불교의 만다라와는 달리 최고의 신을 상정한 상태에서 우주의 전개를 도식적으로 나타내는데 그 목적이 있다. 다라서 만다라를 수행의 방편으로 활용하며, 그 세계를 획득하려는 불교의 것 과는 전혀 다른 각도에서 보지 않으면 안된다.

3. 만다라의 활용

1) 만다라와 탱화

불화(佛畵)는 표현방식에 따라서 벽화, 탱화, 경화(經畵),판화등이 있다고 한다. 그 중에서도 사원에서 쉽게 볼 수 있는 것은 벽화나 괘불탱화이다. 여기서 괘불탱화의 경우도 불상의 뒷편에나 측면에 거는 것이 있는가 하면 기우제나 영산재, 예수재, 수륙재때 야외에서 쓰는 대형탱화도 있다. 현재 야외에서 쓸 수 있는 괘불탱화의 경우는 티베트나 우리나라에서도 특별한 행사가 있을 때 쉽게 접할 수 있다.

여기서 현실적으로 만다라를 접하기 어려운 우리들은 만다라보다 탱화에 더 익숙해져 있다고 하여도 과언은 아니다. 따라서 우리들이 도상화된 불화를 접할 때, 어떤 것이 만다라이고, 어떤 것이 탱화인지 구별하기 어려울 때도 많다. 학자에 따라서는 탱화를 만다라로 간주하는 사람이 있는가 하면 변상도(變相圖)등을 서경만다라(敍景曼荼羅)라고 하여 만다라의 부류에 넣는 사람도 있다. 이와 같이 어느 면에서 만다라와 탱화는 구별하기 어려운 점이 있는것 만은 사실이다.

그것은 수행을 할 때 활용되는 만다라를 접할 기회가 없고, 탱화만을 접할 수 있었던 사람들에게 흔히 있을 수 있는 일이다.

특히 우리나라의 경우는 티베트나 일본등과 같이 탱화와는 성질을 달리하는 만다라가 현존하고 있지 않다는 데에도 큰 이유가 있다. 따라서 정토변상도나 화엄변상도등을 일반적인 의미의 만다라로 분류하는 경우가 생겨 났던 것이다. 그러나 일반적으로 쓰이는 만다라의 개념은 단순히 예불의 대상이나 불보살의 세계를 나타낸 것만이 아니다. 만다라는 수행자가 어떤 특별한 목적을 달성하기 위해서 건립하는 것이며, 불교적 우주관에 입각하여 불보살과 자신의 통일을 성취하기 위해서 건립하는 것이다. 또한 만다라의 경우는 원래 한번 건립하고 수행에 활용했으면 다시 쓰지 않는다. 다만 근래에 들어 지면(紙面)에 도화하거나 벽에 도상화한 만다라가 등장하고 나서 부터 원래의 의미가 퇴색되었다.

여기서 만다라와 탱화의 특징적 요소를 몇 가지 들면서 양자의 차이점에 대해서 알아 보기로 한다. 먼저 만다라의 경우는 수행자가 성불이나 제재초복의 수법을 행할 때 활용된다. 성불을 목표로 할 경우, 만다라는 자신의 불성(佛性)을 표상화한 것으로 인식되며, 우주적인 불보살의 세계를 축소화한 것으로 받아 들일 수도 있다. 또한 수행방편으로도 활용되는 만다라는 수행자의 수행력을 배가시키는데 중요한 역할을 한다. 즉 만다라는 수행자의 시각적 효과를 증대시켜 불보살의 세계로 조금이라도 빨리 접근할 수 있게 하는 것이다. 그리고 제재초복에 활용될 경우는 항복, 증익, 경애, 식재등의 수법(修法)을 행할 때 건립하는 만다라이다. 이 때에는 만다라의 형태도 차이를 보인다. 즉 원, 삼각, 사각, 반월형등에 따라 차이가 있는 것이다.

그야말로 만다라는 우주적 의미의 불보살의 세계와 수행자와 그의 마음이 일치되었을 때 표상화될 수 있는 것이며, 그 세계는 누구나 나타낼 수 있는 것이 아니고, 스승으로 부터 전법관정(傳法灌頂)을 받은 자만이 그 세계를 표상화할 수 있는 것이다. 그리고 탱화의 경우 통상적으로 채색된 도상으로 표현하는데 반하여 만다라의 경우는 표현방식도 다양하여 채색으로 나타내는가 하면, 종자(種子), 법구(法具)등으로 나타내기도 한다. 또한 표현방식에 따라서 각각 의미도 부여되어 있다. 채색된 도상의 만다라는 불보살의 몸, 종자로 나타낸 만다라는 불보살의 언어, 그리고 법구로 나타낸 것은 불보살의 서원을 나타내는 것으로 받아 들인다.

여기에 대해서 탱화는 만다라와 차이를 보인다. 인도나 티베트에서는 괘불탱화를 탕카(Thang ka)라고 한다. 그것은 원래 언어적으로 "말아 올릴 수 있는 것"을 의미한다. 즉 이와 같은 불화를 탕카라고 부른 것은 말아 올릴 수 있는 형식을 강조했기 때문이다. 티베트에서는 수행자가 여행할 때 탕카를 가지고 다니거나 보관할 때에는 항상 아래로 부터 위로 말아 올린다. 탕카를 위에서 부터 말기 시작하는 것은 불경스러운 일로 간주하고, 일종의 신성(神聖)에 대한 모독으로 받아 들였다. 탕카에는 몇 가지 목적과 용도가 있다. 먼저 일반적인 것은 수행자가 각자의 수호존을 그린 탕카를 앞에 두고 명상하고 예배할 때 쓰는 것이다. 수행자들은 이와 같은 그림을 명상함으로써 그들이 그린 신격(神格)을 불러 일으킬 수 있다고 생각했다. 두번째로 장엄하여 공덕을 얻기 위한 탕카이다. 그것은 재가자들이 보시자가 되어 탕카를 스스로 그리거나 화공(畵工)에게 부탁하여 그려 받은 다음 사원에 기증, 그것을 가지고 법당을 장엄, 그 공덕을 얻는다는 것이다. 세번째로 일반교화에 쓰이는 것이다. 티베트의 사원앞에는 마을 사람이나 순례자들에게 위대한 승려의 생애나 아미타불의 정토를 나타내는 탕카를 걸어 놓고 교화에 활용한다. 이와 같이 탕카는 티베트 불교에서 자리이타를 행하는데 커다란 역할을 담당하고 있다. 티베트의 탕카를 표현형식에 따라 분류하면 채색된 탕카, 금색탕카, 조각된 탕카, 인쇄된 탕카등 4종류가 있다고 한다. 우리나라에는 지면에 도상화된 괘불뿐만이 아니라 돌에 불보살상을 새겨 걸게 되어 있는 석주(石柱)괘불도 있다.

2) 심리학과 만다라

융은 스위스의 정신과의사로 심리학자이자 철학자이기도하다. 융은 그의 스승인 프로이드와 학문적 견해차이로 결별한 후부터 심한 우울증에 빠지고 정신병상태에 이르게 되었다. 그 때 그는 자신의 심리적 갈등을 제거하기 위하여 모든 공적활동을 청산하고 전기도 들어 오지 않는 취리히 근교의 호반에서 생활하게 되었다. 그의 생활은 호반의 모래위에 묵묵히 그림을 그리거나 돌에 조각도 하면서 하루 하루를 보내는 것이었다.

훗날 알게된 사실이지만 그가 그린 이들 작품들은 만다라였다. 그리고 그림을 그리면서 어떤 형태로든 마음의 상처가 아물어 갔다. 그것은 무엇 때문일가? 그림을 그렸을 때 왜 마음이 차분해지는 것일까? 이와 같이 그는 자문 자답하면서 상념에 잠기곤 했다.

그러던 차에 융은 중국의 도교서적을 접하게 되었고, 그것을 읽고 나서 깜짝 놀랐다. 자신이 그리던 것과 같은 만다라가 그 책에 있었기 때문이다. 그가 15년간 스스로 체험하고, 혹은 환자를 진찰하는 중에 경험한 불가사의한 상징이 이미 티베트, 중국등, 동양에서 만다라로써 활용되고 있으며, 매우 중요한 마음의 상징이라는 것을 처음으로 알았던 것이다. 이때 부터 죽을 때까지 33년간 그의 심리학적 발전을 밝혀 주는 막대한 서적이 나오고 있는데 그 중에서『심리학과 연금술』이라는 책은 전적으로 만다라의 상징에 대해서 다루고 있다.

융은 학문적으로 뿐만이 아니라 여러가지 의미의 고독속에서 스스로 마음의 허전함을 달래고, 자기 스스로 학문적으로 더욱 발전한다고 하는 커다란 체험을 통해서 그린 것이 만다라였다는 것을 알았다.

그러면서도 그 자신은 스스로 체험한 것과 그 이전에 몇 사람의 환자를 통해서 이미 그러한 것이 나타난다는 것을 알고 있었다. 그는 여기에 대해서 깊이 생각했다. 왜 그러한 것이 나타나면 환자는 낫는 것일까? 반대로 그러한 것이 나타나면 환자는 상태가 나빠지는 것일까? 실제로 그것이 만다라였는데 융은 후에 그 이름을 알았기 때문에 만다라라고 부르게 되었다.

융은 도교의 책을 읽고 깜짝 놀랐는데 그것은 8세기에 성립한 책이다. 그러나 도교의 근본이 되는 기본적인 사고방식은 이미 기원전부터 있었다. 또한 이집트나 그리스, 티베트의 만다라, 혹은 멕시코의 마야문명이나 아즈티카문명의 여러유적에서 만다라로 보이는 것이 남아 있다. 그리고 동북아시아에서 보이는 형식미의 극치라고도 할수 있는 태장만다라나 금강계만다라라고 하는 것이 있다. 융은 이러한 것들이 실은 공통적인 형태를 취하고 있음을 알아 차렸다. 그러므로 융은 단순한 개인의 창조나 착상이라고 하기보다는 모든 인간이 가지고 있는 기본적인 형상이 아닌가 생각했다. 그는 그것에 매우 흥미를 가지고 인도와 티베트를 찾았다. 한 때 인도의 한 사원에 가서 당시 라마중에서도 가장 고승이라고 일컬어지고 있던 사람과 만나게 되었다.

융은 라마에게 "선생은 만다라를 어떠한 형태로 받아 들이고 계십니까?"라고 질문했다. 여기에 대해서 라마는 "만다라라는 것은 믹파(dmigs-pa)이다. 믹파라고 하는 것은 정신이 표상화된 것이다. 그것은 깊은 학식을 갖춘 라마만이 이미지네이션을 통해서 만들어낼 수 있다" 라고 대답했다. 또한 "만다라에는 똑같은 것이 없으며 개개인에 따라서 다르다. 보통 사원에 걸려 있는 만다라는 그다지 중요한 의미를 가지지 않는다. 왜냐하면 그것들은 외적인 표현에 지나지 않기 때문이다. 진정한 만다라라는 것은 항상 내적인 이미지이며, 그것은 마음의 평온을 잃었을 때나 아무리 노력해도 마음에 어떤 생각이 떠오르지 않고, 경전에도 없기 때문에 스스로 그것을 좇아 내지 않으면 안될 때 혼신의 힘을 쏟아서 심중의 상상력을 가지고 서서히 마음속에서 만들어 내는 것을 말한다"라고 말했다.

물론 라마는 그것이 전체의 만다라로서 절대 유일한 것이라고 말하는 것은 아니다. 마음에 미혹이 생기고 방황하고 있을 때 내적세계를 전적으로 응시해 가는 속에서 자신의 마음속에 나타나는 만다라 그 자체라는 말을 듣고 융은 오랜 세월 고심해왔던 의문이 풀렸다. 그리고 독자적인 만다라에 관한 연구가 여기서부터 전개되기 시작했던 것이다.

융이 만다라를 특히 중요시하고 만다라에 의지하려고 한것은 자아의 문제이다. 융은 여기서 자아라고 불리는 자기자신이란 존재의 내적 중심, 심중의 중심을 구체화한것, 즉 그것을 형상으로서 나타낸 상징을 만다라라고 했다.

3) 만다라의 상징성

만다라를 구조적 측면에서 생각해볼 때 대부분의 사람들은 사원의 벽에 걸린 불화를 연상하며 장방형의 만다라를 생각할 것이다.

그런데 동북아시아권의 만다라의 경우는 내부, 즉 제존이 위치하고 있는 중심부분에 대한 인식이 극단적으로 강해서 그들을 전체적으로 지탱하는 외부에 주의를 기울이지 않는 경우가 많다.

그런데 불교의 발상지인 인도의 요소를 거의 그대로 수용한 티베트에서 볼수 있는 만다라에는 만다라의 근간을 이루는 원초적이고, 구조적인 특색이 명확히 남아 있다. 여기서는 인도나 티베트에서 전개된 원초적인 만다라의 예를 들면서 몇 가지 특징을 설명하기로 한다. 만다라의 구조중에서 가장 바깥 부분은 일반적으로 2중이나 3중의 원형구조로 외부와 완전히 차단되어 있다. 그 최외원은 타오르는 불꽃을 도상화한 화염의 원륜으로 이루어져 있는데 그것은 눈으로 볼 수 있는 악인이나 독충, 혹은 눈에 보이지 않는 번뇌등을 상징화한 것이다.

그 내측에는 금강저를 가늘고 길게 일열로 연결한 금강저의 원륜이 그려져 있다. 바즈라(vajra)라고 불리는 금강저는 어떠한 것도 깨서 부술 수 있는 최고의 무기이며, 외측의 틈새를 빠져 나온 것이라고 할지라도 이것을 통하여 저지할 수 있다. 이와 같이 금강저는 내부의 성스러운 성질을 지키기 위해서 인위적으로 외부의 속된 것을 차단하는 결계(結界)인 것이다. 결계는 만다라에 한정되지 않고 어느 한 지역을 수행의 도장으로 정할 때에도 이루어진다. 즉, 어떤 지점에 결계석(結界石)등을 두어서 그 곳이 별개의 세계라는 것을 나타내기도 한다.

만다라의 경우도 공간적으로 외부세계와는 질적으로 다른 성역공간을 나타낼 필요가 있기 때문에 반드시 결계가 설정된다. 기후가 온난한 관계로 인도와 같이 독충이나 독사가 많지 않은 동북아시아지역에서는 처음부터 엄격한 결계에 대한 관념이 희박하다. 그러므로 제존들을 무방비상태로 배치하는 경우도 많이 있다. 이와 같이 외측에 2중의 결계를 설정하고 그러면서도 만다라의 가장 중심부분의 성스러운 성질을 유지하기 위해서 내측 원륜부의 정사각형 성곽구조를 한 4변에는 각변에 하나씩의 문을 만들어 그 내부에 4존의 분노명왕이나 전통적인 사천왕을 안치하는 경우가 많다.

만다라에 나타난 신비사상의 커다란 특색중 하나는 풍부한 상징성이다. 만다라속에 표현된 각양각색의 상징물이나 구조는 소위 크기가 한정된 특정한 의미밖에 나타내지 않지만 상징으로서 그 배후에는 무한한 가능성이 숨겨져 있다.

예를 들면 인도나 티베트계 만다라의 최외원에 원륜이 쓰이는 경우가 매우 많다. 원형은 수 많은 형태속에서 가장 안정되어 있으면서도 이상적인 형태라는 것은 말할 나위도 없다. 여기에 대해서 삼각형은 에너지가 일정한 방향으로 흐르고 있음을 의미하기 위해서 인도의 힌두교탄트라에서는 얀트라를 통하여 창조와 파괴의 신인 비슈누와 그의 비(妃)인 우마의 에너지가 상호작용하고 있음을 상징하는 도형을 널리 쓰고 있다. 여기에 대해서 불교의 만다라에서는 대일경에 의거하여 도상화된 태장만다라의 편지인이나 후기 밀교계통의 일부 만다라에서만 나타난다.

좁은 의미의 만다라와는 좀 동떨어진 감이 있으나 밀교에서는 현실적인 소원을 이룩하기 위하여 호마를 행하는데 이 호마의 화로에는 작은 만다라나 특정한 형태를 한 철제의 화로를 쓴다. 이 때 병을 고치거나 재앙을 퇴치하는 등, 현재의 마이너스 상태인 것을 제로로 만드는 것을 식재라고 하며, 식재의 호마에는 반드시 원형의 화로를 쓴다. 반대로 현재, 프러스 상태에 있는 것을 마이너스의 상태로 바꾸는 것이 조복이다. 여기에는 강력한 힘의 흐름이 필요하기 때문에 그것에 가장 적절한 형태로서 삼각형을 택한다. 삼각관계라는 말이 있듯이 삼각형에는 역시 평화적이라는 이미지는 없는 것 같다. 다음에 형태와는 거리가 먼 만다라의 심볼리즘으로서 달과 연화를 들수 있다.

그것은 동북아시아에 전래된 만다라에도 다수 등장하며 우리들에게 친밀감을 느끼게 하는 상징물이다. 먼저 달은 금강정경을 근간으로 한 금강계만다라의 기본개념으로 되어 있다. 태양은 외관상 원형을 대표하는 것으로 생각할 수 있는데 여기서는 태양으로 나타내지 않고 있다. 정토만다라의 근간이 되는 『관무량수경』에는 태양을 관상하는 일상관도 인정되고 있는데 말이다. 그것은 동북아시아와 같이 기후가 온난한 온대권에 사는 사람들은 최적의 것이지만, 인도의 자연환경속에서 태양의 빛은 그야말로 극지방의 어름을 녹이는 것과 같은 존재이기 때문일 것이다. 머리위에서 따갑게 내리쬐는 태양아래서 물과 나무그늘은 얼마나 고마운 존재일 수 밖에 없다.

즉 만다라의 본고장인 인도에서는 마음을 집중시키는 만다라명상에 작열하는 태양은 너무나 강하기 때문에 오히려 청량하다는 말로 대변될 수 있는 보름달을 보고 거기서 사람들은 영원한 것을 느꼈을 것이다.

다음에 연화는 각양각색의 형태로 만다라에 등장한다. 우리들에게 가장 친밀감을 주는 것은 태장만다라의 중추에 해당하는 중대팔엽원으로 거기에는 만다라의 중앙에 위치한 활짝 핀 연화의 꽃잎 위에 대일여래와 4불, 4보살이 안치되어 있다.

상징주의적 입장에서 보면 연화에는 크게 두 가지의 의미가 담겨져 있다. 첫번째는 생산성을 특질로 한다는 것이다. 흔히 일컬어지고 있듯이 연화는 긴 세월동안 물속에 있으면서 어느날 아침 홀연히 훌륭한 꽃을 피운다.

또한 티베트계 만다라의 외원이 연꽃잎으로 들러 싸여 있는 것도 소생하는 신비적인 힘을 나타내는 것이다.

두번째 특색은 때묻지 않은 청정성일 것이다. 몇몇 경전에 설해져 있듯이 연화는 그야말로 더러운 진흙속에서 때묻지 않은 꽃을 피운다. 그 주위가 아무리 더러울지라도 그 순수한 꽃잎은 어떠한 더러운 것에도 오염되지 않는다. 성스러운 세계를 상징하는 만다라에서 산출하는 힘과 청정성을 두루 갖춘 연화는 그야말로 최고의 상징이라고 말할 수 있을 것이다.

4) 만다라와 명상

수행자가 만다라의 세계에 들어 가기 위해서는 자신의 성취목적과 관련이 있는 경전이나 의궤에 의거하여 아사리의 지도아래 자신의 마음속에 만다라를 건립해야한다. 여기서 아사리의 안내가 절대로 필요한 것은 밀교계 경전이나 의궤는 일반대중을 대상으로 한 경전이 아니라 전적으로 전문 수행자를 위하여 존재하는 것이기 때문이다. 그런데 대부분의 사람들은 밀교계 경전도 일반 대승경전과 동일한 것으로 간주하여 간단히 접근할 수 있다는 생각이 지배적이다.

그러나 이 들 경전은 글로써 접근 할 수 없는 부분이 많기 때문에 아사리의 지도없이는 자신이 목적으로 한 실지를 성취할 수 없으며, 수행의 효과를 거둘 수도 없는 것이다.

이 점을 염두에 두면서 만다라를 건립하기 앞서 진행되는 호흡과 관상법(觀想法)에 대해서 알아 보기로 한다. 먼저 관상의 만다라를 건립하기에 앞서 필요한 것은 마음의 안정이다.

그러기 위해서 수행자는 호흡법부터 실시하는데 이에 앞서 선행되는 것은 관법수행에 필요한 알맞은 공간의 확보이다. 수행공간은 수행도량의 넓이가 넓어 텅빈 느낌을 일으키지 않고, 너무 좁다는 생각을 가지지 않을 정도의 곳이면 된다. 또한 공간의 밝기는 너무 어둡거나 밝아서는 않되고, 밤이 되어 인공적으로 조명을 밝힐 때에는 수행자의 뒷편 좀 옆에서 빛이 나오도록 한다. 그리고 태양의 직사광선이 너무 들어 오면 마음을 흥분시키고, 외계의 현상들에 마음을 빼앗길 염려가 있다. 이 때에는 보조도구를 이용하여 명암을 알맞게 조절하는 것이 좋다.

다음에 호흡법을 실시하게 되는데 이 때의 호흡은 마음을 평온한 상태에 들어 가게 하고, 우주법계에 존재하는 불보살을 자신의 마음속으로 부터 출생시키기 위해서 선행되는 관상차제의 첫 관문인 것이다. 이 때 신심(身心)은 다 같이 평온한 적정의 상태에 이르러야 한다. 보통 수식관은 매우 간단한 것이며 그 자체에 깊은 의미를 가지고 있다고는 말 할 수 없다. 그러나 출입하는 하나하나의 호흡에 따라서 불보살을 관한다는 데에서 실로 심오한 비밀적 의미가 담겨 있다고 말하지 않을 수 없다.

이 때 호흡의 자세는 혀를 입천정에 붙여 겨우 기식이 통할 정도로 열고, 호흡은 지극히 조용히 하며, 허리는 뒤로 넘어 가거나 구부러지지 않게 하여 곧바로 앉는다. 이 자세에서 가장 중요한 것은 고른 호흡이다. 이 상태가 이루어지지 않고서는 마음이 산란하여 만다라를 마음속에 건립할 맑은 마음의 상태에 들어 갈 수 없다. 호흡을 바르게 하기 위한 적절한 방법으로써 수식관(數息觀)을 쓴다.

외부의 대기(大氣)가 자신의 코속로 부터 들어가 목구멍을 지나 점점 아래로 내려가 하복부까지 이르렀다고 생각하고, 그것을 내 보낼 때는 반대로 하복부에서 점점 위로 올려 입안을 통해서 밖으로 내보내 실내를 거쳐 삼천대천세계에 충만한다고 관한다. 이와 같은 호흡이 계속됨에 따라서 수행자는 자신의 몸이 우주의 구성요소와 동일한 지, 수, 화, 풍, 공으로 이루어져 있다는 것을 체험한다.

그 방법은 허리아래에서 밑으로 지(地)를 두고, 배꼽을 중심으로 한 복부에 수(水), 흉부에 화(火), 미간에 풍(風), 정수리에 공(空)의 기운을 가득 채운다. 이와 같이 함으로써 자신의 몸을 구성하는 오대요소가 우주법계를 구성하는 오륜신(五輪身)으로 전성되어 나아가는 것이다. 여기서 자신의 오대오륜(五大五輪)이 만다라를 구성하는 제불보살의 신(身)으로 전성되면 양자는 하등의 차이가 없으며, 법성내의 오대오륜과 세계외의 오대오륜과도 하나가 된다. 여기서 수행자는 우주법계가 곧 자신이요 자신이 곧 법계라는 것을 체득하게 되는 것이다.

다만 만다라관을 수습할 때 그 성과가 좋지 않을 경우, 도화된 만다라를 관해서 자신의 마음도 그와 같다고 생각한다. 그리고 내외의 양자가 동일한 것으로 보고, 양자는 서로 상호교류한다고 관한다. 그리고 숙달되었을 때 자신의 마음속의 만다라를 관한 다음 그것을 자유자재로 구사할 수 있으면 삼천대천세계로 펼쳐 나아갔다가 다시 자신의 마음속으로 끌어 들이는 것을 반복한다. 위로는 불계(佛界)에서 아래로는 육도의 중생계에 이르기 까지 법계자타가 평등해지도록하여 외계와 자신의 마음을 합일시킨다.

수행자는 이와 같은 관상차제가 끝났을 때 법을 전수하는 아사리의 지시에 따라서 경전이나 의궤의 내용을 기반으로 단상의 만다라를 건립하는 것이다.

이 때 외형적으로 나타내는 만다라는 단순한 도상이 아니라 수행자자신의 마음속에 내재되어 있는 불보살의 세계가 그대로 형상화되어 나타나는 것이다.

II

만다라의 구분

Ⅱ. 만다라의 구분

만다라는 탄트라의 분류에 따라서 소작탄트라, 행탄트라, 유가탄트라, 무상유가탄트라의 네 종류로 분류 할 수 있다. 그리고 이들 탄트라에는 각각 네 종류로 구분되는 각각의 만다라가 있다.

그 대표적인 예로 소작탄트라에는 초선삼존만다라, 약사51존만다라가 있으며, 행탄트라에는 대비태장생만다라와 아라파차나문수만다라, 유가탄트라에는 금강계만다라를 비롯하여 다수의 만다라가 있으며, 무상유가탄트라의 만다라에는 승낙부교만다라, 십육적만다라를 비롯하여 매우 많은 수의 만다라가 현존하고 있다. 한편 만다라의 표현방식에는 불보살의 신구의를 의미하는 대만다라, 종자만다라, 삼매야만다라가 있다. 이들 신구의 만다라는 티베트의 경우 신만다라가 주를 이루고, 일본의 경우, 신구의만다라가 함께 존재한다. 예를 들면 금강계만다라의 경우, 티베트에는 대만다라만 존재하지만 일본에는 세 종류의 만다라가 함께 존재한다.

1. 소작탄트라의 만다라

1) 초선삼존만다라

초기의 만다라는 대부분 불부(佛部), 연화부(蓮華部), 금강부(金剛部)의 삼부형식으로 되어 있다. 이 만다라에는 중앙의 문수보살을 중심으로 하여 북방에 관세음보살, 남방에 금강수보살이 위치하고 있다.

이 중 문수보살(文殊菩薩)은 대승불교의 대표적인 보살로 보현보살과 더불어 불법을 청문할 때 대표자가 된다. 석가모니의 협시보살(脇侍菩薩)로 석가삼존(釋迦三尊)의 한 존인데 사자에 타고 있는 단독상으로도 신앙되었다. 불교의 경전상에 설해져있는 바로는 불멸후 인도에서 나타난 것으로 되어 있는데 대승경전 특히 반야부의 경전들에서는 대고중(對告衆)이 되어 불제자들과 문답, 또는 미륵보살과 더불어 아난(阿難)으로 하여금 불교경전을 결집하게 했다는 실존인물로 전해지고 있다. 이 보살은 반야즉 지혜를 본서(本誓)로 하기 때문에 보리(菩提)의 모체로 일컬어 지고 있으며, 제불보살의 모(母)로 간주되기도 한다. 반야경이 남방에서 융성하였고, 선재동자(善財童子)에게 남방유행을 권유하는등 남방과의 관계가 깊다. 논

객 유마거사(維摩居士)의 병상을 지혜제일의 문수가 석존대신에 문병, 불이(不二)의 법문을 논제로 전개한 논전의 배경이 돈황벽화에 나타나있다. 구화엄경(舊華嚴經)에 의하면 문수가 사는 곳을 동북방에 있는 청량산(淸涼山)이라고 설하기 때문에 중국의 산서성(山西省) 오대산(五臺山)이 예로부터 문수의 성지로써 신앙되었고, 주변의 모든 나라들에서도 신앙되고 있다. 이 만다라에서 이 존은 불부의 주존이다.

관세음보살(觀世音菩薩)은 서역기(西域記)에 일체제법(一切諸法)을 관찰하는데 무애자재(無碍自在)하며, 일체중생을 두루 관찰해서 그들의 괴로움을 제거하는 것이 자유자재하기 때문에 자재라 부른다고 되어 있다. 그리고 법화경(法華經)〉 보문품(普門品)에서는 무량백천만억의 중생들이 고뇌를 받고 있을 때 이 관세음보살이란 명호를 듣고, 마음에 새기면 관세음보살은 즉시 그 음성을 관해서 모두를 해탈시킨다고 설한다. 원래모든 보살중에서도 널리 신앙되고, 예로부터 불교의 경전중에 설해져 있으며, 법화경 보문품 제25 즉 관음경(觀音經)에는 다양한 풍토에 다양한 몸으로 변화해서 중생들을 구제하는 삼십삼응현신(三十三應現身)이 설해져 있고, 정토계통의 경전에서는 대세지보살(大勢至菩薩)과 더불어 아미타불과 함께 중생을 구제한다고 되어 있다. 이 만다라에서 이 존은 연화부의 주존이다.

금강수보살(金剛手菩薩)은 지금강보살(持金剛菩薩), 금강살타(金剛薩埵)라고도 부른다. 대일경에서는 19집금강(執金剛)의 대표자로써 등장하며, 금강부(金剛部)의 주존이다. 이 만다라에서 금강부는 지혜의 덕을 나타내며, 연화부의 대비(大悲)와 더불어 이 만다라의 성격을 나타내고 있다. 또한 금강계삼십칠존중 십육대보살(十六大菩薩)의 한 존이다.

티베트에서 이들 3존은 릭숨귄포(Rigs gsum mgon po)이름으로 널리 알려져 있다. 만다라뿐만이 아니라 탱화에서도 종종 이들 3존이 등장한다.

여기서 흥미로운 사실은 티베트에서는 다라이라마를 관세음보살의 화신으로 보고 있기 때문에 탱화의 경우 주존이 관음이 되는 경우가 있다. 그리고 청나라시대에는 소수민족인 만주족이 중국을 지배하고 있었다. 만주족이나 몽고족은 수적으로 많은 한족의 유교나 도교및 중국불교에 대항해서 티베트불교를 신봉했다.

청나라황제는 문수황제(文殊皇帝), 몽고의 투체트칸은 우칠파니(금강수)라는 칭호를 사용한 예가 있다. 그 후 청나라황제를 문수, 티베트의 달라이라마를 관음, 몽고족을 금강수로 보고, 3민족의 화합을 강조하기도 하였다. 따라서 이 만다라는 구히야경을 근간으로 하여 성립된 것이지만 그 내면에는 당시의 시대상황을 반영하고 있음을 알 수 있다.

2) 약사오십일존만다라

약사여래는 중생을 병고와 기아와 빈곤으로 부터 구제하는 여래이다. 대승불교 중에서도 널리 신앙된 존격이다.

이 불은 약사유리광여래(藥師琉璃光如來), 의왕존(醫王尊)등의 명칭으로 불리는 데 이것은 석가모니의 다른 이름이다. 세간에서 명의가 병을 치료하듯이 석가가 깨닫지 못한 인과를 명확히 해서 중생의 고뇌를 화익(化益)하게 하는 존이며, 석가의 구제활동면을 구체적으로 표현한 여래이다.『불설약사여래본원경(佛說藥師如來本願經)』에 의하면 동방정토의 유리광세계(琉璃光世界)에 주하면서 중생의 현세이익을 관장하는 불이라고 하기 때문에 아미타불의 서방정토가 나타내는 내세와 대조적인 입장에 있다. 석가가 비사리국(毘舍離國)의 설법에서 동방세계의 교주 약사여래가 수행중에 십이대원(十二大願)을 세워서 성불한 뒤 일체중생에게 이익을 주려고 서원, 그 결과 정유리광세계(淨琉璃光世界)에서 이익을 내린다는 뜻을 분명히 했다. 약사여래의 십이대원은 첫 번째 상호구족(相好具足)은 광명이 널리 비추어 완전한 모습으로 한다. 두 번째 광명조피(光明照被)는 몸은 유리와 같이 광명이 무변하며, 뜻에 따라서 성취시킨다. 세 번째

소구만족(所求滿足)은 지혜와 방편을 가지고 모든 것을 다함없이 만족시킨다. 네 번째 안립대승(安立大乘)은 사도(邪道)를 버리게 하고 대승에 안주시킨다. 다섯째 지계청정(持戒淸淨)은 계를 빠짐없이 지키게 하여 악취(惡趣)에 떨어지지 않게 한다. 여섯 번째 제근완구(諸根完具)는 불구인 자도 육체적 결함을 제거하게 한다. 일곱 번째 제병안락(諸病安樂)은 병과 빈곤으로 괴로워하는 자가 명호(名號)만을 듣는 것으로 병을 고쳐 심신이 편한해진다. 여덟 번째 전녁성남(轉女成男)은 남자가 되기를 희망하는 여자에게 남자상을 하게 하여 성불시킨다. 아홉째 거사취정(去邪趣正)은 번뇌로 방황하는 자를 정견을 가지게 하여 빨리 깨달음을 얻도록 한다. 열번째 식재난고(息災難苦)는 국가권력이나 왕권으로 부터 괴로움을 당하는 자의 괴로움을 해탈시킨다. 열한번째 기갈포만(飢渴飽滿)은 기갈때문에 악업을 짓는 자에게 식사를 충분히 할 수 있도록 하여 안락의 길로 이끈다. 열도번째 장구풍만(莊具豊滿)은 가난해서 의복이 없는 사람에게 필요한 의복과 장신구를 준다. 이와 같이 심신의 물질적인 고뇌를 제거하기 위한 이 신앙은 인도에서 부터 서역 중국, 한국, 일본에 이르기 까지 성행하였다.

이 존의 형상은 동양권과 티베트권에 차이가 있다. 동양권에서는 약항아리를 가지고 있는 형상, 티베트권에서는 약초의 가지나 과일을 가지고 있는 형상이다. 티베트의 약사오십일존만다라는 중앙에 과실을 가지고 있는 약사여래를 중심으로하여 팔엽연화가 있는데 약사여래의 동방에 반야보살, 동남방에 석가여래가 위치하고 있다. 그리고 나머지 여섯 연변(蓮弁)중 남방에는 선명칭길상왕여래(善名稱吉祥王如來), 서남에 보월지엄광음자재왕여래(寶月智嚴光音如來), 서방에 금색보광묘행성취여래(金色寶光妙行成就如來), 서북방에 무우최승길상여래(無憂最勝吉祥如來), 북방에 법해뇌음여래(法海雷音如來), 동북방에 법혜승혜유희신통여래(法慧勝慧遊戲神通如來)가 위치하고 있다. 여기서 약사여래를 중심으로 한 이들 여섯존을 약사칠불(藥師七佛)이라고 한다.

그리고 팔엽연변(八葉蓮弁)의 외측에는 약사여래의 좌우협시(左右脇侍)인 일광보살(日光菩薩), 월광보살(月光菩薩)을 비롯하여 석존이 약사경을 설법하실 때 그것을 청문한 문수보살, 그리고 약사경의 후반부에서 아난존자(阿難尊者)와 문답하는 구탈보살(救脫菩薩), 나아가서 석존이 비사리에서『칠불약사경(七佛藥師經)』을 설법하실 때 그것을 청문한 관세음보살. 금강수보살등의 12존을 합하여 16존이 위치하고 있다. 그리고 그 외측 3중에는 22개의 연변(蓮弁)에 10방(十方)의 수호신인 범천, 제석천, 화천, 염마천, 나찰천, 수천, 풍천, 비사문천 등의 천중(天衆)과 약사여래의 권속인 궁비라대장(宮毘羅大將), 벌절라대장(伐折羅大將)등의 12신장(神將)들이 위치하고 있으며, 4개의 문에는 지국천(持國天), 증장천(增長天), 광목천(光目天), 다문천(多聞天)이 문을 지키고 있다.

3) 소작탄트라의 만다라

초선삼존만다라

삼삼매야장엄무니5존만다라

약사51존만다라

광명무구6존만다라

오수호명비56존만다라

광대명14존만다라

백산개녀17존만다라

백산개녀27존만다라

무구정계6존만다라

무량수9존만다라

고음성17존만다라

불공견색16존만다라

천수천안관자재37존만다라

아축9존만다라

변화신아축9존만다라

백색최쇄19존만다라

흑색분노최쇄97존만다라

청색최쇄15존만다라

금강수독존만다라

2. 행탄트라의 만다라

1) 대비태장생만다라

태장만다라(일본)

태장만다라(티베트)

『대일경』「구연품」에 의거하여 도화되거나 건립된 만다라를 대비태장생만다라(Mahākaruṇā- garb-hodbhava-maṇḍala)라고 하며, 이것을 줄여서 태장만다라나 태장생만다라라고 한다. 일반적으로 태장계만다라라고 하지만 이것은 금강계만다라의 계자(界字)와 맞추기 위한 것이지 사실은 틀린 표현이다. 태장만다라에는 어디에도 계(界)의 의미가 포함되어 있지 않다.

태양은 빛과 열을 천지만물에게 골고루 비쳐서 생장을 돕는다. 그와 동시에 대일여래는 대비에 의해서 신(身)과 어(語)와 의(意)의 무한한 활동을 통해서 중생들이 본래 가지고 있는 보리심을 일깨워 주고, 스스로가 불임을 자각시켜 준다. 그것은 모태에서 잠자는 영아가 어머니의 애정과 보호에 의해서 쑥쑥 자라 이세상에서 생을 받는 것과 같다. 대비태장생만다라란 대일여래의 대비에서 생한 깨달음의 세계를 표현함과 동시에 중생이 스스로 보리심에 자각하고, 불로 향상되어 가는 과정을 도상화시켜 나타낸 것이다. 『대일경』에서는 대일여래의 신의 활동을 나타내는 대만다라라(大曼荼羅)가 구연품, 어의 활동을 나타내는 법만다라(法曼荼羅)가 「전자륜만다라행품(轉字輪曼荼羅行品)」, 심의 활동을 나타내는 삼매야만다라(三昧耶曼荼羅)가 「비밀만다라품(秘密曼荼羅品)」에 3종류의 만다라가 설해져 있다. 그 기본이 되는 것은 존형을 중심으로 한 대만다라이다. 그러나 여기서 주의해야 할 것은 티베트나 일본에 현존하고 있는 태장만다라가 경전의 내용에 전적으로 충실하다고 볼 수 없다는 것이다. 특히 일본에 전해지고 있는 태장만다라의 경우는 티베트의 것보다 더 많은 변형이 이루어졌다.

(1) 중앙의 팔엽연화(八葉蓮華)와 오불사보살(五佛四菩薩)

태장만다라중대팔엽원

태장만다라의 중앙에는 팔엽연화의 연대(蓮臺)에 대일여래를 중심으로 한 4불4보살이 위치하고 있다. 태장만다라에서는 위쪽이 동, 좌가 북에 해당한다. 대일여래와 4방의 4불을 합해서 5불이라고 한다. 태장5불은 중앙의 대일여래, 동의 보당(寶幢, Ratna ketu)여래, 남의 개부화왕(開敷華王, Saṁku-sumitarāja)여래, 서의 무량수(無量壽, Amitāyus)여래, 북의 천고뢰음(天鼓雷音,Divyadundubhi meghanirghoṣa)여래가 위치하고 있다. 또 사우(四隅)의 연변(蓮弁)에는 동남부터 순서대로 보현(普賢, Samantabhadra), 문수(文殊,Mañjuśrī), 관음(觀音, Avalokite vara), 미륵(彌勒, maitreya)의 4보살이 위치하고 있다.

대일여래는 태장만다라나 금강계만다라에서 중존이다. 태장만다라에서는 양손을 위로 향하게 하고 왼손을 아래로 포개넣고, 엄지손가락을 서로 맞닿게 한 다음 무릅위에 둔다. 이것을 법계정인(法界定印)이나 선정인(禪定印)이라고 한다. 4불을 통괄하는 대일여래는 보리심을 깨쳐 가는 과정을 선정의 자세로 조용히 주시한다. 대일경에서는 5불과 4보살의 모습, 인계(印契), 성격에 대해서 거의 언급하고 있지 않다. 대일경소에는 좀 상세하게 설해져 있지만 그 내용에 몇 가지 모순이 내포되어 있다. 이 점을 염두에 두면서 내용을 살펴 보기로 한다.

보당여래는 보당은 보리심을 발한다는 뜻이며, 장수(將帥)가 기를 들고 병졸들을 통솔하듯이 보리수 아래에서 일체지(一切智)의 기(旗)를 들어 마군을 물리친다는 뜻을 가지고 있다.(大日經疏第4) 즉 보당여래는 보리심을 일으켜 깨달음을 향해서 정진하는 모습을 하고 있다. 따라서 수행의 최초 방향을 동방으로 한다. 신색(身色)은 아침해와 같이 적백색(赤白色)으로 빛나는 것은 항마(降魔)의 색이다.

개부화왕여래는 보리심의 종자로 부터 수행(大悲萬行)을 육성시켜 공덕의 꽃을 피우는 모습을 상징하는 여래이다. 여기서 개부(開敷)는 만개(滿開)의 의미이다대일여래의 평등성지의 덕을 나타내며, 수행과 복취(福聚)를 담당한다. 형상은 신상(身相)은 금색(金色)으로 광명을 발하고,더럽혀지지 않은 진금(眞金)과 같다.

무량수여래는 무량광여래라고도 하며, 아미타여래라는 이름도 가지고 있다. 보리심이 열매를 맺고, 깨달음이 완성되고, 인격이 완성된 상태를 나타낸다.

천고뢰음여래는 천고(天鼓)에 비유할 정도의 천둥소리로 중생을 깨우쳐 생을 영위하고 있는 자 모두를 깨달음으로 이끄는 활동을 나타내는 여래이다.

이 존이 북방에 위치하고 있는 것은 열을 피해서 청량하고 적정한 상태로 주하고 있는 모습을 나타내기 위한 것이다.

보현보살은 검(劍)을 가지고 번뇌를 끊으며, 신어의(身語意) 3종의 업을 정화하도록 가르치는 보살로 보당여래의 현실적인 활동을 나타낸다. 이 보살은 흔히 문수보살과 더불어 석가모니의 협시(脇侍)보살로 등장한다. 화엄경은 문수보살의 법문을 설한 것이다. 그리고 대방광불화엄경(大方廣佛華嚴經) 보현행품(普賢行品)에서는 이 보살의 16대원인 예경제불(禮敬諸佛), 칭찬여래(稱讚如來), 광수공양(廣修供養), 참회업장(懺悔業障), 수희공덕(隨喜功德), 청전법륜(請轉法輪), 청불주세(請佛住世), 항수불학(常修佛學), 항순중생(恒順衆生), 보개회향(普皆廻向)을 설한다.

문수보살(文殊菩薩)은 문수보살이 가지고 있는 지물을 통하여 경전은 문수의 지혜, 3고저는 미혹의 파괴를 의미한다. 개부화왕여래의 활동적 측면을 대표하는 보살이다. 대승불교의 대표적인 보살로 보현보살과 더불어 석가모니의 협시보살로써 석가3존을 구성한다. 이 보살은 실존인물로 간주되어 불멸(佛滅)후 불제자들과 문답하고, 미륵보살과 더불어 아난으로 하여금 불전을 결집하도록 했다고 전해진다. 또한 반야(般若) 즉 지혜를 본서(本誓)로 하기 때문에 보리(菩提)의 모(母), 제불보살의 모로 간주된다.

관자재보살(觀自在菩薩)은 청정한 보리심을 나타내는 연화를 아름답게 꽃피우는 자세를 하고 있다. 무량수여래의 활동의 구체적인 표현이다. 이 보살은 일체제법(一切諸法)을 관찰함에 무애자재(無碍自在)하고 일체중생을 관찰해서 그들이 괴로움으로 부터 벗어 나도록 하는 것이 자재하기 때문에 관자재보살이라고 한다. 법화경(法華經)의 보문품(普門品)에서는 고뇌를 받고 있는 중생들이 이 관자재보살의 이름을 듣고, 오직 한 마음으로 그 이름을 외운다면 관세음보살이 그 소리를 듣고, 해탈으 얻도록한다고 설한다.

미륵보살(彌勒菩薩)은 미래시(未來時)에 이 세계에 출현해서 중생을 깨우치고, 구제하는 보살로 일컬어 지고 있다. 천고뢰음여래의 이상(理想)을 실현하려고 하는 보살이다. 불교경전에서는 보살로써 도솔천에서 중생을 교화하고 있다가 56억 7천만년뒤에 인간의 사바세계에 하생(下生)해서 용화(龍華)아래에서 성불하고, 3회의 설법으로 석가의 설법에서 누락된 중생들을 구제하는데 대하여 석가로부터 약속받았다고 한다. 따라서 석가를 대신하여 일을 맡았다는 의미에서 일생보처보살(一生補處菩薩), 보처살타(補處薩埵)라고도 한다. 또한 장래에 반드시 성불하기 때문에 미래불이나 미륵불이라고 칭한다.

보현, 문수, 관자재, 미륵의 4보살은 대승불교중에서 예로 부터 신앙되어 온 유명한 보살이다. 이 보살들은 태장만다라에 수용되어 4여래의 실천적 측면의 활동을 나타내는 보살로 간주되었다. 밀교가 대승불교의 신앙을 적극적으로 수용하고, 이용한 전형적인 예라고 할 수 있다.

단 여기서 주의해야 할 것은 중앙의 팔엽연화상에 4불4보살을 배치하는데 문제가 있다는 것이다. 일본에 전승되고 있는 만다라에는 대일여래를 중심으로 하여 4불4보살을 배치하고 있으나 티베트의 경우, 중앙에 대일여래만다 위치하고 있다. 이것은 경전의 내용을 해석하는데 차이가 있었기 때문이다. 즉 만다라를 도화하기 전에 관상(觀想)을 하게 되는데 이 단계를 설하는 경전의 내용을 경전에 넣느냐 그렇지 않고, 만다라의 도화에 관해서 설하는 내용만을 넣느냐에 차이가 있는 것이다.

(2) 제일중(第一重)과 제이중(第二重)

편지원

지명원

중대팔엽원(中臺八葉院)의 동방에는 편지원(遍知院), 서쪽에는 지명원(持明院)이 위치하고 있다. 중대팔엽원을 비롯한 이들 두 원은 불부의 덕을 나타낸다. 남방의 금강수원은 금강부, 북방의 관음원은 연화부의 덕을 나타낸다. 즉 불부, 연화부, 금강부의 삼부에 의해서 대우주의 진리를 표현하려고 한것이 대일경이고, 태장만다라이다. 편지부(遍知部)의 중앙에는 삼각형이 연대(蓮臺)위에 위치하고 있다. 이 삼각형은 일체여래의 지혜를 나타낸다. 티베트 전승의 만다라에는 삼각형을 중심으로 일체여래의 모인 불안불모(佛眼佛母)와 보살의 덕을 상징하는 마니보주(摩尼寶珠)가 위치하고 있다. 그런데 일본의 경우 칠구지불모(七俱胝佛母)와 대안락불공삼매야진실보살(大安樂三昧耶眞實菩薩)및 마니보주를 가진 대용맹보살(大勇猛菩薩)이 마니보주를 대신하여 위치하고 있다.

대일경에 의하면 지명부(持明部)에는 부동명왕(不動明王)과 항삼세명왕(降三世明王)을 도화하게 되어 있고, 티베트 전승의 만다라는 이와 일치한다. 그러나 일본의 경우 두 명왕의 중간에 반야보살이 위치하고 있다. 여기서 반야보살은 일체여래의 모(母)를 의미한다. 여기서 지명이란 명주(明呪)를 가진자를 의미하며, 분노형을 하고 주력을 가진 존(尊) 전체를 가리킨다. 이것은 일반적으로 명왕이라고 일컸는데 대일여래의 덕(德)중 분노형을 통한 적극적인 교화를 구체화한 것이다.

금강부(金剛部)는 금강수 혹은 금강살타를 주존으로 하고 있기 때문에 붙은 명칭이다. 여기에 위치하고 있는 존은 대부분이 손에 금강저, 검등의 무기를 가지고 있다. 이것은 정복하기 어려운 난적을 교화하기 위한 서원을 나타낸 것이다. 그렇다고 이들 존이 전부 분노의 형상을 하고 있는 것만은 아니다. 대일경 구연품에서는 금강수, 마마키, 금강쇄(金剛鏁), 월염존(月黶尊), 금강침(金剛針)의 5존을 설하고 있는데 티베트 전승만다라에서는 여기에 대일경 비밀만다라품(秘密曼荼羅品)에 등장하는 12집금강(執金剛)을 더해서 17존으로 하고 있다.

연화부(蓮華部) 관자재보살을 주존으로 하고 있으며, 티베트 전승만다라의 경우 주존을 중심으로 타라, 비구지(毘俱胝), 득대세(得大勢), 야수타라(耶輸陀羅), 백의(白衣)및 분노형을 한 마두관음의 7존이 위치하고 있다. 이 부는 더러운 땅에서 흰 꽃을 피우는 연화와 같이 중생이 본래 가지고 있는 청정한 보리심을 일으키게 한다는 의미를 가지고 있다.

석가부는 편지부의 외측에 위치하고 있으며, 석가모니를 중존으로 하고 있다. 여기에는 석가여래를 중심으로 하여 편지안(遍知眼), 호상(毫相), 오불정(五佛頂), 오부정거천(五部淨居天), 3불정(佛頂)등이 이치하고 있다. 그리고 일본전승의 만다라의 경우 오부정거천이 생략되고, 대부분 석가모니의 제자들로 구성되어 있다.

여기서 제일중과 제이중의 내용을 정리해보면 제일중의 중대팔엽원및 4원은 여래의 깨달음을 나타낸다. 그리고 제삼중은 현실세계를 나타낸다. 이 중에서 그 중간에 위치하는 제이중의 석가원은 여래의 깨달음을 현실세계에 나타냄과 동시에 현실세계의 중생을 깨달음의 세계로 이끄는 매개자적 역할을 한 석가모니의 활동을 나타낸다. 그리고 서방의 외측에 위치하고 있는 허공장원에는 허공장보살을 중심으로 하여 6존이 위치하고 있는데 일본에 전해지는 만다라의 경우 10바라밀보살(波羅蜜菩薩)을 비롯한 많은 존이 추가되어 있다. 그리고 여기서 주목해야 할 것은 원래 소실지원은 경전이나 티베트 전승의 만다라에는 존재하지 않으나 일본전승의 만다라에만 남아 있다는 것이다. 이 부는 지명부의 외측에 위치하면서 태장만다라의 제덕(諸德)을 가지고 허공과 같이 자재로 행동할 수 있다는 것을 나타낸다.

관음원(연화부)

금강수원(금강부)

(3) 제삼중(第三重)과 외금강부(外金剛部)

석가원

허공장원

문수원

소실지원

외금강부

외금강부

문수원은 석가원의 외측에 위치한다. 문수사리는 묘길상(妙吉祥)이라고도 일컬어 지며, 반야의 뛰어난 지혜를 나타내기 위해서 청연화위에 금강저를 올려 놓은 것을 왼손으로 가지고 있다. 머리의 오계(五髻)는 여래의 오지(五智)를 나타낸다. 여기에는 문수보살을 중심으로 하여 남여보살(男女菩薩)이나 시자(侍者)를 도화하고 있다.

제개장부(除蓋障部)는 금강부의 외측에 위치한다. 번뇌의 개장을 제거, 여래가 본래 가지고 있는 지혜를 밝힌다는 의미를 가지고 있다. 제개장보살을 중심으로 하여 좌우에 4존씩 9존이 위치하고 있다.

지장부(地藏部)는 연화부의 외측에 위치하고 있다. 지장보살은 대지(大地)가 만물의 압박에 견디면서 만물을 생장시키는 것과 마찬가지로 지(地)의 덕을 내장한 보살이라는 뜻이다. 이것은 관음의 대비(大悲)의 덕과 같은 성질이기 때문에 연화부의 외측에 위치하는 것이다. 여기에는 지장보살을 중심으로 하여 6존이 위치하고 있다.

최외원(最外院)이나 외금강부원(外金剛部院)이라고도 일컬어 지는 이 부에 위치하고 있는 존들은 각종 민족신들이 불교에 교화되어 불교의 호법존이 된 것이다. 이것은 밀교의 포용내지 관용의 정신을 보여 주는 것이다.

그런데 여기서 주목해야 될 것은 천(天)들의 집단인 외금강부가 티베트나 일본전승만다라의 만다라사이에 차이가 있다는 것이다. 그 중 사캬파에 전승되고 있는 만다라는 2중에 천중(天衆)들을 배치하고 있다.

2) 아라파차나문수오존만다라

이 만다라는 티베트대장경 일용자성취명(一勇者成就名)탄트라대왕(大王)이라는 경전에 설해진 내용으로 중앙의 문수보살을 중심으로 동서남북방에 각각 광망동자, 월광동자, 흑발녀, 다발녀가 위치하고 그 존격의 사이에는 보화(寶華)가 위치하고 있다. 태장만다라와 더불어 행타트라의 만다라로 분류되는 또 하나의 만다라이다.

3. 유가탄트라의 만다라

1) 금강계만다라

태장만다라(일본)

태장만다라(티베트)

(1) 오불(五佛)

대일여래(大日如來, Mahāvairocanatathāgata)는 지권인(智拳印)을 결하고 있다. 지권인이란 왼손을 권으로 결인한 다음 둘째손가락을 펼쳐 그것을 오른손의 권속에 넣는다. 이 때 왼손은 중생, 오른손은 불을 나타낸다. 즉 중생과 불이 하나임을 나타내는 인이다. 티베트에서는 설법인을 한 대일여래상도 있으나 라다크의 경우는 지권인을 결한 대일여래이다.

이 명칭은 산스크리트로 마하바이로차나(摩訶毘盧遮那)를 의역한 것이다. 흔히 마하에는 크고, 많고, 수승(秀勝)하다는 의미가 있고, 비로자나에는 편조광명(遍照光明), 즉 태양의 의미가 있다. 따라서 대일이나 대비로자나라고 쓰기도 한다. 힌두교에서는 태양신의 아들을 비로자나신(毘盧遮那神)이라고 한다.

밀교계 경전에서 이 여래의 형상은 크게 두 종류로 나뉘어 진다. 먼저 대일경계통인 태장만다라중의 대일여래이다. 이 만다라의 중앙에 위치하고 있는 팔엽연화안에는 이 여래가 주하고 있다. 이 만다라의 성격으로 볼 때 태장만다라의 중존인 대일여래는 태양의 빛이 온 누리를 비추듯이 대비의 서원력이 불보살과 중생계에 펼쳐나아가는 것을 의미한다. 특히 팔엽연화 중에 있는 4불4보살은 이 여래가 내장하고 있는 활동력을 점차적으로 가시화한 것이다. 먼저 불의 형태, 다음에 4보살의 형태, 그리고 만다라의 각 부(部)에 위치한 부주 및 부족의 형태로 전개되어 나아가는 것이다. 그 형상에 대해서는 『대일경』의 「전자륜품」에 "대일세존은 백연화에 앉아 머리에 발계(髮髻)를 쓰고, 금색의 보살상을 하고 있으며, 온 몸에서 여러 가지 색깔이 난다"고 설해져있다. 또한 『대일경』 「구연품」에는 "이숙삼매(異熟三昧)"라는 기술이 있기 때문에 이 만다라의 대일여래는 법계정인(法界定印)을 하고 있는 것이다. 현재 일본에 현존하고 있는 태장도상(胎藏圖像)이나 태장구도양(胎藏舊圖樣)에는 법계정인을 하고 있는 대일여래의 도상이 들어 있다. 다음은 금강정경계통인 금강계만다라중의 대일여 래이다. 약출염송경과 삼마지궤(三摩地軌), 존승궤(尊勝軌)등에 의하면 신색은 백색으로 정월(淨月)과 같으며, 오여래(五如來)의 관을 쓰고, 머리카락을 느러뜨리고 있다. 몸에 영락과 천의를 걸치고, 등뒤에 월륜의 신광이 비치며, 지권인을 결하고 있다. 금강계만다라에서 대일여래는 사불의 출생과 상호공양을 통하여 보살을 전개시킨다. 현재 우리나라에는 법계정인이나 지권인을 한 대일여래의 상이 존재하지 않지만 밀교계통 경전과는 다른 형상의 지권인을 하고 여래형을 한 대일여래는 많은 사찰에서 발견할 수 있다.

아축여래는(阿閦如來, akṣobhya)는 촉지인을 결한다. 좌권을 위로 향하게 해서 무릅 위에 두고, 오른손을 펼쳐서 아래로 향하게 한다음 손가락끝을 땅에 댄다. 이것은 태장만다라의 천고뇌음여래의 인과 동일하다. 석존이 보리수하에서 성도했을 때 악마의 방해를 무찌른 인이다. 아축이 주재하는 금강부의 제존은 모든 장애를 제거하는 성격을 가지고 있다. 무기인 금강저가 그 상징으로 항마(降魔)의 촉지인(觸地印)과 분노를 나타내는 흑색(청흑색)을 특색으로 한다. 인간의 내외를 둘러 싼 장애를 제거, 진리가 갖춘 영원성, 보편성을 명확히 하는 여래이다.

이 불은 아미타불과 더불어 현세에 출현한 불로써는 일찍부터 경전에 등장하였다. 한역경전중에서 정토사상을 설하는 최고의 경전중 하나인 아축불국경(阿閦佛國經)에서는 과거세에 동방에 있는 천개의 불국(佛國)을 지나 아비라제국(阿比羅提國)의 세계가 있으며, 거기서 대목여래가 육도 즉 육바라밀에 관한 설법을 하고 있을 때, 아축보살이 대목여래(大目如來)의 설법을 듣고 진애(瞋恚)와 음욕을 끊고, 대서원을 세운 다음, 오랜 겁동안 정진하여 칠보수(七寶樹)하에서 성도, 동방의 묘희세계(妙喜世界)에 주한다고 한다. 또한 이 아축불의 국토에 태어나려고 하는 자는 육도(六度)의 행과 원을 발해야한다고 한다. 오지여래(五智如來)의 사방사불(四方四佛)중 하나인 이 불은 대일여래의 대원경지본유보리심(大圓鏡智本有菩提心)

의 덕을 나타낸다. 또한 이 보리심은 금강과 같이 견고하기 때문에 이 불을 부동불(不動佛)이라고도 한다. 후기밀교에서 이 불은 대일여래대신에 5불중 중존(中尊)으로 등장한다. 수인은 촉지인(觸地印)을 하고 있으며, 보당불(寶幢佛)과 동체이다. 이 불이 보당불로도 불리는 이유에 대해서『대일경소』에서는 보당(寶幢)은 보리심(菩提心)을 발한다는 뜻으로 장군이 군졸을 거느릴 때 당기(幢旗를 가지고 있는 것과 마찬가지로 보리수아래에서 일체지(一切智)의 당번(幢旛)으로 마군을 무찌른다는 뜻이다. 또한 이 불은 아축불이나 보당불로 불 충족시켜주는 것 뿐만이 아니다. 인간은 각자 되돌릴 수 없는 특성이 주어진 상태로 이 세상에 보내졌다. 번뇌에 싸여 있다는 것도 알아 차리지 못한다. 사람이나 자연, 거기에 사물속에 숨겨져 있는 되돌릴 수 없는 특질이라는 보물을 발견해 내도록 가르치는 여래이다.

만법(萬法)을 생할 수 있는 불이며, 중생들이 원하는 바에 따라서 복덕을 충만시켜 주는 불이다. 따라서 이 불은 보리심을 발하여 모든 공덕을 중생들에게 베풀기 때문에 시원인(施願印)을 하고 있다. 또한 이불은 지, 수, 화, 풍, 공의 오대(五大)중에서 지대(地大)에 해당하는 것으로 간주되어 황색으로 나타낸다. 이것은 대지가 식물을 성장시키고, 온갖 금은보석을 내장하고 있는 것과 마찬가지로 오부(五部)중에서 보부(寶部)에 해당된다. 〈섭진실경(攝眞實經)〉에 의하면 이 불은 다섯 손가락사이로 여의주(如意珠)를 내리고, 그 여의주에서 천의(天衣), 천묘감로천(天妙甘露天), 음악천(音樂天), 보궁전(寶宮殿)을 내리며, 중생들에게 즐거움을 충만시키기 때문에 능회원만일체중생소락인(能會圓滿一切衆生所樂印)이라고 하는 것으로 되어 있다.

금강계만다라의 아미타불도 태장만다라의 아미타여래와 같은 정인(定印)이다. 조용히 명상에 잠겨 괴로워하고 있는 중생에게 따뜻한 자비를 베풀며, 깨달음의 길로 들어 가는데 방황하지 않도록 지켜주는 여래이다. 또한 자아에 도취되어 있는 부질없는 애정을 모든 사람에게 베풀수 있는 자비로 육성시켜 주는 책무를 맡고 있다. 이와 같이 타오르는 중생구제의 애정을 적색으로 나타낸다. 티베트불교에서는 무량광과 무량수를 별개의 불로 보기 때문에 모습이 다른 형태를 하고 있다.

무량수(無量壽)나 무량광(無量光)이라고도 한다. 이 불은 시간적 공간적인 무한한 덕을 나타낸다.『무량수경(無量壽經)』에서는 과거세의 세자재왕불(世自在王佛)의 감화에 의해서 법장비구(法藏比丘)로 되고, 이백십억이나 되는 불국토와 천인(天人)의 선악을 보고 무상(無上)의 서원을 세워서 오겁(五劫)동안 사유해서 48원을 성취하고, 10겁이전에 아미타불이 되어 지금도 서방의 극락정토에서 설법한다고 되어 있다.『제불경계섭진실경(諸佛境界攝眞實經)』에서는 비로자나여래가 일체여래제법의 본성청정인 연화삼매(蓮華三昧)에 들어가서 그 몸에서 홍연화(紅蓮華)의 색광을 발하며 서방의 무량세계를 비춘다고 되어 있다. 또한 대비로자나(大毘盧遮那)여래의 오지(五智)중에서 묘관찰지(妙觀察智)의 덕을 가지고 모든 중생들의 괴로움과 의혹을 끊도록 한다. 한편 이 불은 관자재여래(觀自在如來)란 명칭도 가지고 있는데 이것은 묘관(妙觀)하는 것이 자재하다는 뜻이다. 이 불의 수인(手印)은 아미타정인(阿彌陀定印)인데 이것은 아미타불이 선정상태에 들어 있는 것을 의미한다. 우리나라의 여러사찰들에는 이 형상을한 불들이 안치되어 있다.

불공성취여래(不空成就如來, amoghasiddhi)는 좌권을 무릅위에 올려 놓고, 오른 손을 가슴있는데에 두고, 손가락을 위로 하여 바깥쪽을 향하여 펼친 시무외인(施無畏印)을 하고 있다. 태장만다라의 개부화와여래의 인과 동일하다. 불공성취여래는 녹색으로 깨달음을 향해서 정진하는 활동적인 성격을 나타내고 있다. 대일여래의 성격중 실천적인 면을 담당한다. 중생교화의 실제적인 활동에 의해서 중생의 공포를 제거하는 데에는 시무외 즉 무외를 베푸는 인이 바람직하다.

이 불은 삼매에 들어 가서 오색의 빛을 발하여 북방의 무량세계를 비춘다고 한다. 또한 천고뢰음불(天鼓雷音佛)및 석가모니불과 동체라고 하며, 중생을 교화하는 사업이 원만성취하여 빈곳이 없다는 뜻으로 불공성취라는 명칭을 얻었다. 수인은 시무외인(施無畏印)을 하고 있다. 이 불은 북방에 위치하여 열을 받지 않고, 청량한 상태로 선정에 든 상태와 불생불멸의 열반상태를 나타낸다. 이 불을 천고(天鼓)라고도 하는 이유는 형태도 없고, 주처도 없으면서 법음(法音)을 설하여 중생들을 깨달음의 길로 이끌듯이 선정속에서도 화타(化他)의 교화력에 의하여 설법교화한다고 한다.

(2) 사바라밀보살(四波羅蜜菩薩)

대일여래가 사불과 십육대보살을 출현시키자 사불은 대일여래에 대해서 사불의 주위에 금강(金剛), 보(寶), 법(法), 업(業)의 사바라밀보살을 가지고 공양한다.

사바라밀(四波羅蜜)은 사금강녀(四金剛女) 즉 살타(薩埵), 보(寶), 법(法), 업(業)의 금강녀라고도 이컬어 진다. 금강바라밀 살타금강녀는 아축여래의 속성인 보리심의 활동을 나타내는 보살이다. 보바라밀 보금강녀는 보생여래의 속성인 보(寶)를 가지고 공양하는 시바라밀(施波羅蜜)의 가르침을 표현한 보살이다. 법바라밀 법금강녀는 무량광여래의 속성인 진리를 가지고 공양하는 반야바라밀의 정신을 구현한 보살이다. 업바라밀 업금강녀는 불공성취여래의 속성인 활동성을 가지고 공양하는 정진바라밀을 현실에 표현하려고 한 보살이다. 원래 사바리밀보살은 삼매야형으로 도화되어 있다. 즉 금강저, 여의보주, 연화, 갈마저등으로 나타낸다. 원래 경전에는 삼매야형밖에 기재되어 있지 않고, 존형으로 도화된 것은 후기에 들어

서의 일이다. 서티베트의 라다크나 일본의 현도만다라에 나타난 사금강녀의 존형은 동일하다.

(3) 십육대보살(十六大菩薩)

대일여래의 완전무결한 본성을 네 부분으로 나눈 것이 사불(四佛)이다. 이들 사불은 각각 사보살(四菩薩)을 출생, 사불의 정신을 현실세계에 침투시켜 깨달음의 길을 구체적으로 나타낸다. 이들 사불 각각에 속하는 사친근보살(四親近菩薩)을 합해서 십육대보살이라고 한다.

아축여래가 대일여래에게 받은 보리심의 덕을 살타, 왕, 애, 희의 4보살로써 전개한다.

금강살타(金剛薩埵, vajrasattva)는 오른손에 오고저(五鈷杵)를 들고, 왼손에 금강령을 가지고 있으며, 백색이다. 이 보살은 각자의 중생이 가지고 있는 청정한 보리심을 일깨워 준다.

금강왕(金剛王, vajrarāja)는 구(鈎)를 가지고 있으며 황색이다.(五部心觀) 자신이 보리심을 가지고 있음을 안 중생을 구(鉤)를 가지고 불도로 이끈다.

금강애(金剛愛, vajrarāga)는 양손에 활과 화살을 가지고 있으며 적색이다. 활과 사랑의 화살을 가지고 중생을 잡아, 불도(佛道)에 매진하도록 하며, 보리심을 양육시킨다.

금강희(金剛喜, vajrasādhu)는 이상의 과정을 거쳐서 중생에게 기쁨을 주어 보리심의 덕을 완성한다. 양손의 권을 가슴앞에 두고, 이제 되었다는 안도의 모습을 나타낸다. 신색은 녹색이다.

보생여래의 보(寶)의 덕은 보(寶), 광(光), 당(幢), 소(笑)의 4보살로 나뉜다.

금강보(金剛寶, vajraratna)는 중생의 마음속에 담겨 있는 본래의 보를 발견, 그것을 육성, 인격을 완성시키는 길로 나아가도록 한다. 오른손에 여의보주(如意寶珠)가 있는 오고저를 가지고 있으며, 왼손으로 금강령(金剛鈴)을 가진 형상을 하고 있다. 신색은 황색이다.

금강광(金剛光, vajrateja)은 오른손에 일륜(日輪)을 가지고, 좌권(左拳)을 무릅위에 놓고 있다. 신색은 적황색이다. 중생본래의 보에 광택이 나서 일륜과 같은 광택을 발하며, 중생이 마음속으로 안도감을 가지도록 한다.

금강당(金剛幢, vajraketu)은 오른손으로 간(竿)의 끝에 기를 단 당(幢)을 가지고 있으며, 왼손은 좌(座)에 대고 있다. 신색은 청색이다. 무외의 안심을 얻고, 당을 목표로 정진하여 중생들에게 자애(慈愛)를 베푼다.

금강소(金剛笑, vajrahāsa)는 양손은 권을 결하고, 타오르는 기쁨으로 웃는 모습을 취하고 있다. 신색은 백색이다. 노력해서 법열(法悅)을 맛보고, 사람들에게 진리를 설할 수 있는 경지이다. 각자의 중생들에게서 되 돌릴 수 없는 가치를 끌어 내는 보생여래의 덕이 여기서 완성된다.

무량광여래가 선정을 통해서 얻은 지혜의 덕을 구체적으로 나타낸 것이 법(法), 리(利), 인(因), 어(語)의 4보살이다.

금강법(金剛法, vajradharma)은 왼손에 미부연화(未敷蓮華)를 가지고 있으며, 오른손으로 그것을 펴는 자세를 하고 있다. 신색은 적색이다. 선정에 의해서 지혜를 확고히 하고 그것을 중생에게 설하는 내용을 연화를 펴는 모습으로 나타내고 있다.

금강리(金剛利, vajratīkṣṇa)는 오른손에 검을 가지고 있으며, 왼손에 든 연화위에는 경전이 있다. 신색은 청색이다. 미혹을 끊고, 경전을 가지고 바른 도를 나타낸다는 의미를 가지고 있다.

금강인(金剛因, vajrahetu)은 오른손에 팔폭륜(八幅輪)을 가지고 위로 치켜 세우며, 좌권은 무릅 위에 놓은 모습을 하고 있다. 신색은 황색이다. 지혜를 인으로 해서 법륜을 굴린다.

금강어(金剛語, vajrabhāṣa)는 오른손으로 여래의 설(舌)을 들고 가슴있는데 대고 있으며, 좌권은 무릅위에 놓고 있다. 신색은 동색(銅色)이다. 지혜의 비밀어를 가지고 중생들에게 설한다.

불공성취여래의 활동적인 측면을 적극적으로 나타내기 위해서 업(業), 호(護), 아(牙), 권(拳)의 4보살이 있다.

금강업(金剛業, vajrakarma)은 왼손에 금강권을 결한 다음 갈마령(羯磨鈴)을 가지고 있으며, 오른손은 갈마저를 가슴있는 곳에 대고 있다. 신색은 잡색(雜色)이다. 여러 중생들에게 이익을 주는 활동을 행한다.

금강호(金剛護, vajrakṣa)는 갑옷을 입고 손에 갈마(羯磨)를 가지고 있다. 신색은 황색이다. 이타를 행하기 위해서 정진한다는 의미에서 갑옷을 입고 있는 모습으로 나타낸다.

금강아(金剛牙, vajrayakṣa)는 금강야차(金剛夜叉)의 화신으로 양손은 권을 결하고 있으며, 얼굴의 양쪽에 엄지손가락과 새끼손가락을 세워 어금니의 형상을 취한다. 신색은 흑색이다. 적극적으로 장애를 제거하기 위해서 분노형을 한 야차의 모습을 하고 있다.

금강권(金剛拳, vajrasandhi)은 양손에 권인을 한 다음 가슴앞에 대고 있다. 신색은 황색이다. 신구의의 삼밀일체관에 의해서 불과 융합, 여래의 교화활동은 완성된다.

이상 십육대보살의 자리이타행에 의해서 대일여래의 덕이 현실세계에 구체적인 형태로 전개된다.

(4) 팔공양보살(八供養菩薩)

여기에 대해서 대일여래는 제1중의 우(隅)에 희(嬉), 만, 가(歌), 무(舞)의 내의 사공양보살을 출현시켜 사불을 공양한다. 여기에 대해서 사불은 그 위의 제2중의 우(隅)에 향(香), 화(花), 등(燈), 도향(塗香)의 외의 사공양보살을 나타내서 대일여래의 공양에 보답한다. 이상과 같이 대일여래와 사불 사이에 이루어지는 상호공양존은 거기에 적절한 여존의 모습을 취하고 있다.

이와 같이 대일여래와 사불사이에는 서로간의 존경과 공양이 이루어지고 있는데 내의 사공양은 각각 금강이란 명칭을 가진 희, 만, 가, 무의 4여존보살이다. 희녀는 양손의 권을 무릅위에 놓고, 아축여래에 대해서 보리심의 활동을 찬탄하는 자세로 공양하고 있다. 만녀는 실로 연결한 꽃으로 만든 화환인 만을 양손으로 들어 올리며, 보생여래가 각자의 중생속에 숨겨진 보를 찾아 내는 특성을 찬탄해서 공양한다. 가녀는 악기를 가지고 연주하며, 무량광여래가 연화를 펼쳐 중생의 청정한 보리심을 개발하는 덕을 찬탄, 공양한다. 무녀는 양손을 들어 춤추는 자세를 취하며 불공성취여래의 활동성을 찬탄, 공양한다.

외의 사공양보살은 각각 금강이라는 이름을 가진 향, 화, 등, 도향의 4여존이다.

향녀는 향로를 가지고 향을 피워서 공양한다. 화녀는 꽃을 들어 아름다운 꽃을 가지고 공양한다. 등녀는 등명을 가지고 불빛으로 공양한다. 도향녀는 손이나 신체에 칠해서 몸을 청정히 하는 도향을 넣은 법라(法螺)를 들어 정화의 공덕을 가지고 제여래를 공양한다. 이들 사금강녀, 내외의 공양보살녀는 각각 사불의 색과 같은 색을 취하는 것이 원칙이다.

이상 내의 사공양, 외의 사공양은 인도 고래로부터 존재하고 있던 전통적인 공양법을 내와 외의 4종으로 정비한 것이다. 금강계만다라가 성립되면서 이와 같은 전통적인 공양방법을 그대로 여존화, 만다라에 도입, 대일여래와 사불사이에 이루어지는 공양사상을 표현하려고 했던 것이다.

(5) 사섭보살(四攝菩薩)과 현겁(賢劫)의 제존

대일여래와 사불사이에 이루어지는 상호공양에 의해서 금강계의 장엄은 점점 늘어 나고, 그 사상적인 의미도 깊어 진다. 대일여래는 외의 공양보살을 출생시켜 공양한 사불에게 보답하고, 만다라의 4문에 4인의 문지기를 출현시켜 사문(四門)의 구(鉤), 색(索), 쇄(鎖),령(鈴)의 사섭(四攝)보살을 통하여 만다라전체를 수호하도록 한다.

구보살은 오른손으로 도끼가 붙은 구를 가지고 있다. 신색은 백색이다. 이 보살은 구를 가지고 사람들을 불도로 끌어 들인다. 색보살은 견색즉 밧줄을 가지고 사람들을 묶어 불도에 마음을 향하도록 한다. 신색은 황색이다. 쇄보살은 열쇄를 가지고 사람들을 불도에 매어 둔다. 신색은 적색이다. 령보살은 령을 가지고 매어 둔 사람들의 마음 불어 일으켜 깨달음의 세계로 향하도록 한다. 신색은 잡색이다.

구,색,쇄,령은 원래 인도의 고대인이 동물이나 야수를 잡아 길들이는 순서였다. 그것을 불도로 중생을 끌어 들여서 보리심을 일깨우고, 깨달음에 이르도록하는 방법으로 응용했던 것이다. 섭보살은 만다라의 4문에서 외부에 있는 중생을 불교화시키는 역할을 담당하고 있다. 그렇지만 본래는 만다라를 구성하는 성곽의 수호신 역할을 하였다. 4문을 지키는 것은 원래 4천왕이 맡고 있었는데 금강계만다라에서 4섭보살로 바뀌어 수호와 동시에 중생을 만다라에 끌어 들이는 역할도 담당하게 되었다고 생각된다.

금강계만다라의 제2중에는 외의 사공양과 사섭보살외에 천불이 도화되어 있다. 이것을 현겁의 천불이라고 한다. 과거, 현재, 미래의 3겁에 각각 천의 불이 있다는 신앙이 있는데 금강계만다라에 도화되어 있는 것은 현재의 겁, 즉 현겁의 천불이다. 따라서 금강계1037존이라는 명칭이 붙는 것이다.

2) 유가탄트라의 만다라

금강계1037존만다라

항삼세1037만다라

금강관섭족1271존만다라

최승본초섭족319존만다라

최승본초금강살타77존만다라

일체지대일37존만다라

석가모니신형만다라

금강수의형만다라

무량수구형만다라

전륜왕덕형만다라

열염업형만다라

금강수4대왕만다라

금강수10방호존만다라

혹성항성항삼세만다라

8존대용금강수만다라

9존바이라바항삼세만다라

8존대천항삼세만다라

구정계석가모니37존만다라

법계어자재문수219존만다라

4. 무상유가탄트라의 만다라

1) 분노금강유가녀5존만다라

티베트 종파중 하나인 시제파에서 전승되고 있는 만다라이다. 삼각형 4변(弁) 연엽의 중앙에는 금강유가녀를 상징하는 밤(Vaṁ), 동방(하)에는 불타공행모(佛陀空行母)를 상징하는 하(Ha), 남방(좌)에는 보공행모(寶空行母)를 상징하는 리((Ri), 서방(상)에는 연화공행모(蓮華空行母)를 상징하는 니(Ni), 북방(우)에는 업공행모(業空行母)를 상징하는 사(Sa)자가 위치하고 있다. 원래 공행모는 야차의 일종으로 사람의 간을 먹으며 사는 천(天)으로 되어 있다. 이 천은 사람이 죽기 반년전에 죽음을 예지하는 능력이 주어졌다고 하나 죽이지 않고 임종을 기다려 간만을 빼 먹는다고 한다. 이 만다라에서 역삼각형에 5존을 안치하고 있는 것은 공행모의 지혜력을 통하여 타자를 항복받기 위한 작법에 쓰인 만다라임을 나타낸다.

2) 승락부교만다라

티베트 카규파라는 종파의 승려인 레충파로 부터 전승되고 있는 만다라이다. 레충파는 라퇴지방 궁탕이라는 데에서 태어나 법명을 돌제닥이라고 했다. 11세때 미라레파에게 사사받았고, 수 차례 인도에 가서 바라찬드라라는 인물에게 금강수의 법, 그 외의 수행자들로 부터 무신공행(無身空行), 무량수법(無量壽法)등을 전수받았으며, 병을 치료하는 초능력을 가지고 많은 사람을 구제했다고 한다. 그에 의해서 전승되고 있는 이 만다라는 역삼각형의 18변법원(十八弁法源)안의 갈마금강저내 연화에 차크라삼바라(Cakrasamvara) 즉 승락존(勝樂尊)과 금강저녀(金剛豬女)가 위치하고 있다. 이 만다라는 불과 행자의 합일및 수행자를 수호하는 작법에 쓰인 만다라이다.

3) 승락10존만다라

미라레파의 제자로 카규파에 속하는 닥포라제에 의해서 전승되고 있는 만다라이다. 그는 젊었을 때 의사로써 활동하기도 했지만 미라레파를 만난 후 밀교수행에 전념한 후, 일문(一門)을 열어 제자를 양성했다. 그의 문하에는 500명정도의 제자가 있었다고 한다.

그에 의해서 전승되는 이 만다라는 중앙에 일월륜(日月輪)을 머리에 쓴 차크라삼바라(승락존)와 금강유가녀(金剛瑜伽女)가 위치하고, 동방에 불타헤루카, 남방에 보헤루카, 서방에 연화헤루카, 북방에 업헤루카와 각존의 명비(明妃)가 안치되어 있다. 그리고 그 사이 사이에는 감로를 담은 네 개의 항아리가 있다. 이 만다라는 수행력의 향상을 위한 작법에 쓰인 만다라이다.

4) 16적만다라

이 만다라는 티베트의 카담파라는 종파에서 전승되고 있는 만다라이다. 중앙의 승자해(勝者海)를 중심으로 하여 내측으로 부터 대일(大日), 관자재승자해(觀自在勝者海), 관자재, 반야바라밀, 무니마조복(牟尼魔調伏), 관자재, 다라모(陀羅母), 가외다라모(可畏陀羅母), 부동(不動), 아티샤(보신), 돔된(보신), 미륵, 문수사리, 금강지(金剛持), 법신(法身)으로 구성되어 있다. 이 만다라는 수행을 통한 진리의 획득과 그것을 전개해 나가기 위한 작법을 행할 때 사용되었다.

5) 무상유가탄트라의 만다라

섭족비밀문수57존만다라

섭족비밀문수57존만다라

비밀집회아축금강32존만다라(골파)

비밀집회아축금강32존만다라(마르파)

비밀집회문수금강19존만다라(골파)

비밀집회세자재19존만다라

금강수대륜18존만다라

최쇄75존만다라(비루파)

부동9존만다라

격노금강수5존만다라(레충파류)

적항염마5존만다라(비루파류)

적항염마13존만다라(슈리다라류)

문수흑항염마13존만다라(라류)

육면문수항염마21존만다라(라류)

바즈라바이라바만다라(라류 골파)

바즈라바이라바만다라(라류 말파)

바즈라바이라바13존만다라 (라류)

바즈라바이라바17존만다라(라류)

승낙62존만다라(골파)

불타결합금강살타섭족다존만다라

승낙62존만다라(골파)

승낙62존만다라(골파)

승락5존만다라

승락13존만다라

승락5존만다라

금강저녀5존만다라

금유가녀37존만다라

금강살타나로공행모만다라

승낙62존만다라(금강수탄트라)

사리미란승락62존만다라(아바야카라류)

생기금계승락13존만다라

금강공행승락62존만다라

두타공덕승락13존만다라

육전륜왕승락71존만다라

문수금강승락25존만다라

로면승락37존만다라

십만비라우드라승락62존만다라

금강살타분노승락51존만다라

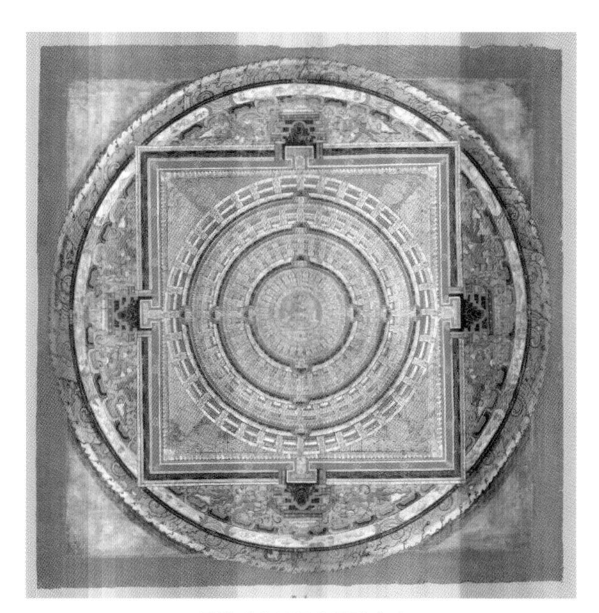

공행대해12륜승락만다라

금강저녀17존만다라(직메닥파)

대저면37존만다라

금강저녀21존만다라

구진실반월만다라

붇타카팔라25조만다라

대환5존만다라

요감바라77존만다라

지혜자재13존만다라

대비승자해5존만다라

무량수33존만다라

쿠루쿨라5존만다라

승락관자재연화망45존만다라

승락관자재연화망45존만다라

삼매야다라모25존만다라

금강동자19존만다라(풀파전반)

금강동자19존만다라(풀파후반)

신구의원만시륜634존만다라

대금계시륜72존만다라

교계헤바즈라9존만다라(골파)

헤바즈라9존만다라(샬류헤바즈라류)

일면이비신금강헤바즈라9존만다라

일면사비구금강헤바즈라9존만다라

삼면6비의금강헤바즈라9존만다라

심수헤바즈라9존만다라

헤바즈라만다라(돔비류

금강무아천녀15존만다라

헤바즈라9존만다라(곡류)

금강무아천녀15존만다라(곡류)

오공행섭족헤바즈라49존만다라

섭족판자라49존만다라

금강계삼십칠존만다라(골파)

금강계삼십칠존만다라(삼부타탄트라)

지도금강대흑5존만다라

금강대흑8존만다라

III

금강계 만다라와 삼십칠존

Ⅲ. 금강계 만다라와 삼십칠존

1. 성신회의 오불

금강계만다라의 중심을 이루는 것은 대일여래를 비롯하여 아축, 보생, 아미타, 불공성취의 5불이다. 이들 오불은『화엄경』의 비로자나불과『금광명경』의 4방4불을 조합하여 성립한 것으로 볼 수 있으나 태장오불과 금강계오불은 그 성격상 약간의 차이가 있다. 즉 태장오불은 지,수,화,풍,공의 5대를 체로 한 것이며, 금강계오불은 각각 법계체성지, 대원경지, 평등성지, 묘관찰지, 성소작지의 덕을 갖추고 있는 것으로 간주하고 있다. 이들 오불은 오지여래(五智如來)나 선정불(禪定佛, dhyānibuddha)이라고도 불린다. 이것은 5종의 선정에 든 형상을 하고 있다는 견지에서 붙여진 이름이다.

『금강정경』의 기본을 이루는『진실섭경』및 그 부속의궤인『금강정탄트라』나 금강지역의『약출염송경(略出念誦經)』의 내용에 의거하여 금강계오불의 특색을 살펴 보기로 한다.

오해탈륜의 중존인 대일여래를 중심으로 한 사방사불은 석존의 인을 나타내기 때문에 대일로 총괄되고, 대일의 지권인을 가지고 밀교의 입장에서 깨달음의 세계를 나타낸다. 또한 사불은 동남서북의 정토의 세계를 나타내고, 지권인의 마음을 체로해서 아즉대일이 되었을 때 모든 것은 빛나는 세계가 되고, 자기는 광명의 주체로 된다. 이것은 지혜의 주체가 되는 것으로 이 주체는 청정세계를 여는 금강, 보, 법, 갈마를 실현하는 오지로 된다. 삼각지화와 보주, 보주를 감싼 네 종류의 금강저는 이것을 나타내는 것이다. 대일은 이 활동을 사불로 펼쳐 나타내서 오불은 하나로 되고, 오불은 행자가 밀교의 빼어난 세계를 체득하고, 진실된 자기를 확립한 모습을 나타낸다.

1) 대일여래(大日如來, Mahāvairocanatathāgata)

대일여래의 형상은 연화좌에 앉아 있으며, 지권인을 결하고 있다. 머리는 여래형으로 정수리에 법륜을 나타낸다.

『오부심관』에서는 일곱 개의 머리를 가진 사자좌에 앉아서 지권인을 하고 있으며, 오불의 관을 쓴 보살형으로 나타내고 있다.

현도금강계만다라의 일인회에는 대일여래 한 존격만이 커다랗게 그려져 있다. 여기서는 연화좌에 앉아서 손은 지권인으로 몸은 보석 등으로 장식되어 있으며, 오불관을 쓴 보살형이다. 배후에서 오색광명을 발산한다. 어떤 도상이든 대일여래의 수인은 지권인이다.

여기서『오부심관』및 일인회의 대일여래가 오불관을 쓰고, 보살형을 나타낸 것은 이타향하(利他向下)하는 여래의 활동을 강조한 것이다. 어떤 것이든 완성된 형태로 있다면 그것은 언젠가 쇠퇴의 길을 걸을 것이다. 실로 위를 향하여 진보해 가는 생명체는 완성과 동시에 그 얻은 덕을 사회에 환원해 가는 활동을 하지 않으면 안된다. 그래서 그 활동이 인연이 되어 보다 좋은 향상의 도를 걸을 수 있는 것이다. 자리즉이타, 향상즉향하의 실천 그것이 대승보살도이며, 그 보살도의 실천이야말로 대일여래의 서원이자 활동인 금강계의 진수인 것이다.

성신회의 존형에서 대일여래의 보살형은 사방사불과 일체화해서 볼 필요가 있다. 사불은 대일의 세계를 나타낸 것이고, 그것을 실현해 가는 존이기 때문이다. 아축, 보생, 무량수, 불공성취는 금강부, 보생부, 법부, 갈마부의 세계를 열어 가는 것이고, 그것은 보리심을 일으키는 것으로부터 시작해서 여래의 활동으로 되는 것을 나타내는 것이다. 대일여래가 위치하고 있는 중앙륜중의 사방의 작은 원륜 속에 사바라밀보살이 위치하고 있다. 이 금강, 보, 법, 갈마(업)바라밀은 아축여래를 비롯한 사불의 교화실천의 덕상을 나타내는 존격이다. 이들 존격에 둘러 싸여 있는 대일여래는 당연히 이타교화의 활동을 나타내는 것이다.

일인회의 존형에서 대일여래가 오불의 관을 쓰고 있는 것은 한 몸으로 오불의 덕상을 나타낸 것이며,

중국 법문사 사리함 대일여래

오색의 화염을 발산하는 것은 이들 오불의 세계를 여는 지혜를 한 몸에 갖추고 있는 것을 나타낸 것이다. 이와 같은 대일여래는 금강의 지혜를 나타내고, 이것이 오지로 전개되어 오불의 세계를 펼쳐가고, 나아가서 금강계삼십칠존의 세계를 열어서 드디어 구회만다라의 모든 세계를 열게 되는 것이다. 『오부심관』의 상징형인 삼각지인을 둘러 싼 금강저와 여의보주를 둘러 싼 네 종류의 금강저도 위와 같은 의미를 나타낸 것으로 볼 수 있다.

여기서 지권인(智拳印)은 왼손을 권으로 결인한 다음 둘째 손가락을 펼쳐 그것을 오른손의 권속에 넣는다. 이 때 왼손은 중생, 오른손은 불을 나타낸다. 즉 중생과 불이 하나임을 나타내는 인이다. 티베트에서는 양손의 엄지와 둘째손가락의 끝부분을 붙여서 등근 형태를 만들고, 다른 세 손가락은 가볍게 펼쳐서 왼손을 들어 올리고, 오른손을 왼쪽으로 향하게 해서 가슴앞에 놓는 설법인을 결하는 금강계여래도 발견된다.

대일여래형상

대일여래종자

2) 아축여래(阿閦如來, Akṣobhya)

아축여래의 형상은 연화좌에 앉아 있으며, 여래형에 촉지인을 결하고 있다.

『오부심관』에서는 일곱 개의 머리를 가진 코리리좌위에서 촉지인을 하고 있다. 상징도형을 보주를 둘러 싼 금강저이다. 이와 같이 해서 금강부의 세계를 나타낸다. 촉지인은 석존이 삼십오세 때 보리수 아래에서 악마를 물리치고 깨달음을 열었을 때의 항마의 인이다. 촉지는 대지가 세계의 근본이고, 현실의 모든 것을 지탱하는 토대이기 때문에 자기를 지탱하는 근본토대인 정보리심을 각성시키는 것을 나타내는 인이다. 그러므로 보리심의 발현을 의미한다. 여기서 활동은 미혹과 게으름, 유혹에 맞서서 작은 자기를 극복하고, 향상을 계속하는 견고부3동의 마음이 된다. 아축여래는 이 견고부동한 마음, 향상진전하는 활동을 나타낸다. 그러므로 『오부심관』의 제이의 만다라에서는 금강저의 위에 금강저를 세운 형을 나타내고 있다. 또한 제일의 만다라에서 금강저가 둘러 싼 여의보주의 모습은 보리심의 청정한 마음이 금강의 지혜를 생성하고, 금강의 지혜는 보주를 잘 지키는 것을 나타낸다.

『현도』에서는 아축여래의 견실불괴의 금강을 실현하기 위해서 살왕애희의 네보살을 사방에 나타내고, 그 활동은 청순한 정보리심을 나타낸 세계이다. 그래서 중원륜의 사우에 삼변보주가 그려져 있는 것이다.

아축여래의 촉지인은 좌권을 위로 향하게 해서 무릅위에 두고, 오른손을 펼쳐서 아래로 향하게 한다음 손가락끝을 땅에 댄다. 이것은 태장만다라의 천고뇌음여래의 인과 동일하다. 석존이 보리수하에서 성도했을 때 악마의 방해를 무찌른 인이다. 아축이 주재하는 금강부의 제존은 모든 장애를 제거하는 성격을 가지고 있다. 무기인 금강저가 그 상징으로 항마(降魔)의 촉지인(觸地印)과 분노를 나타내는 흑색(청흑색)을 특색으로 한다. 인간의 내외를 둘러 싼 장애를 제거, 진리가 갖춘 영원성, 보편성을 명확히 하는 여래이다.

중국 법문사 사리함 아촉여래

3) 보생여래(寶生如來, Ratnasambhava)

존형은 여원인을 결해서 보부의 세계를 나타낸다. 『오부심관』에서도 마찬가지로 형징형은 금강보저가 둘러 싼 여의보주이다. 여원인은 재보를 가져다 주는 인이다. 사람은 재보가 주어졌을 때 만족을 얻는다. 그러나 세간의 재보는 잃어 버리는 것도 많고, 거기에 따라서 마음이 산란해지기도 한다. 그래서 영원히 잃어 버리지 않는 진실된 재보, 무한한 부를 창조해 가는 것, 그것은 마음의 주옥인 여의보주이다. 여의보주란 사람들의 마음 깊숙한 곳에 숨겨져 있는 청순한 본래의 자기이다.

청정한 마음을 가지고 자기자신을 조용히 성찰해 보면 우주의 모든 만물은 반짝이는 보석이 된다. 이와 같이 볼 수 있는 사람은 항상 마음이 풍요롭고, 가득차 있다. 보생여래는 이와 같은 풍요로운 삶을 염원하고, 모두를 보석으로 하는 보부의 세계를 의미한다. 청정심에서 모든 보를 생하는 것은 아축이 나타낸 보리심의 활동과 표리일체를 이루고 있다. 그래서 이 보부의 실현은 보광당소인 사보살의 상징을 빌려서 나타낸다고 하는 것이다.

보생여래는 왼손을 아축과 마찬가지로 무릅위, 오른손을 무릅있는데에서 바깥쪽을 향하여 벌린 여원인(與願印)을 결하고 있다. 태장만다라의 보당여래(寶幢如來)와 같은 인이다. 중생의 원을 듣고, 보(寶)를 베푸는 인이다. 황색은 보를 상징한다. 그것은 중생들의 물질적인 욕망을 충족시켜주는 것 뿐만이 아니다. 인간은 각자 되돌릴 수 없는 특성이 주어진 상태로 이 세상에 보내졌다. 번뇌에 싸여 있다는 것도 알아 차리지 못한다. 사람이나 자연, 거기에 사물속에 숨겨져 있는 되돌릴 수 없는 특질이라는 보물을 발견해 내도록 가르치는 여래이다.

중국 법문사 사리함 보생여래

4) 아미타여래(阿彌陀如來, Amitāyus)

형상은 정인을 하고 법부의 세계를 나타낸다. 상징도형은 독고저위의 연화이다. 『오부심관』의 상징형은 금강연화저가 둘러싼 여의보주로 나타낸다.

이 형상은 지혜의 활동과 자비의 활동을 병행하기 때문에 자기와 세계의 진실을 드러내려고 하는 존이다. 그러므로 청정심이 근본이 되지 않으면 안된다. 독고저 위의 연화는 청정심이 세계를 있는 그대로 보고, 진리의 세계를 드러내는 것을 나타낸다.

아미타여래의 밀호는 대비금강이라고 부른다. 이것은 청정심에 의해서 자타를 떼어 놓는 것을 버리면 마음이 크게 열려서 번뇌하는 사람들의 마음을 감싼다. 거기서 아름다운 인격의 꽃이 핀다. 청정한 마음이 되어 상대의 마음과 융합하는 것은 인간관계를 원만히 하고, 마음을 영원히 안락으로 인도하는 것이다. 손을 정인으로 하는 것은 이 경지를 나타내는 것이며, 그것은 일전해서 사람들의 번뇌를 구제하기 위한 헌신적인 사랑의 활동으로 되어 간다. 대비금강이란 이와 같은 마음을 실천해 가는 활동을 나타내는 것이기 때문에 이것을 연화부라고도 한다. 금강연화는 이와 같은 뜻을 나타내는 것이라고 할 수 있다. 법부세계의 실현은 법리인어의 사보살의 상징을 빌려서 나타낸다고 한다.

무량수여래 Amitāyus에는 폭넓은 성격이 있고, 무량광여래 Amitābha, 세자재왕 Lokesvara-rāja, 관자재왕여래 Avalokiteśvara-rāja 등이라고 부린다. 영원한 생명, 무량의 광, 세속속에서 자기를 확립하는 등, 각도를 바꾸어 특성이 나타나있는 것이다.

이 존은무량광여 래(無量光如來)라고도 부른다. 태장만다라의 아미타여래와 같은 정인(定印)이다. 조용히 명상에 잠겨 괴로워하고 있는 중생에게 따뜻한 자비를 베풀며, 깨달음의 길로 들어 가는데 방황하지 않도록 지켜주는 여래이다. 또한 자아에 도취되어 있는 부질없는 애정을 모든 사람에게 베풀수 있는 자비로 육성시켜 주는 책무를 맡고 있다. 이와 같이 타오르는 중생구제의 애정을 적색으로 나타낸다. 티베트불교에서는 무량광과 무량수를 별개의 불로 보기 때문에 모습이 다른 형태를 하고 있다.

중국 법문사 사리함 아미타여래

5) 불공성취여래(不空成就如來, Amoghasiddhi)

불공성취여래는 시무외인을 결해서 갈마부의 세계를 나타낸다. 『오부심관』의 상징형은 갈마금강저로 둘러 싸인 여의보주로 나타낸다. 불공성취는 일체의 바라는 바를 실현해서 마음의 자유를 얻고, 무한한 기쁨에 머물고 있다는 것을 의미한다. 마음이 청정하면 보리심이 육성되고, 모든 곳에 인간형성의 지혜가 몸에 붙어 그 무엇에도 두려울 것이 없는 진실한 자유를 체득한다. 문득 인생의 진실에 눈을 뜨고, 영원불멸의 자유를 체득할 수 있기 때문에 아직 진실된 인생에 눈을 뜨지 못한 사람에게 자는 눈을 뜨게 해서 삶의 의미와 자비활동의 숭고한 삶을 가르친다. 아울러 삶의 기쁨을 느끼지 못하는 상태로 두지 않는다. 그것은 자기에게 최고의 활동이 됨과 동시에 다른 사람으로 하여금 풍요로운 인간성을 배양시켜 가는 활동이 된다. 인간의 빼어난 구극의 활동은 다른 사람에 대한 교화를 통해서 처음으로 진실된 자기로서 완성되어 간다. 이것은 그대로 석가모니부처님이 실천하신 상호인격향상의 성서러운 활동이며, 불공성취는 그것을 이상으로 한다. 이와 같은 성스러운 활동을 갈마부라고 한다. 갈마부는 업호아권의 사보살로 그 내용을 나타낸다. 십자금강은 모든 행동이 금강으로 되고, 그것은 이타구제의 활동이며, 진실된 자기형성의 활동이 되는 것이다.

불공성취의 존형은 좌권을 무릅위에 올려 놓고, 오른 손을 가슴있는데에 두고, 손가락을 위로 하여 바깥쪽을 향하여 펼친 시무외인(施無畏印)을 하고 있다. 태장만다라의 개부화와여래의 인과 동일하다. 불공성취여래는 녹색으로 깨달음을 향해서 정진하는 활동적인 성격을 나타내고 있다. 대일여래의 성격중 실천적인 면을 담당한다. 중생교화의 실제적인 활동에 의해서 중생의 공포를 제거하는 데에는 시무외 즉 무외를 베푸는 인이 바람직하다.

중국 법문사 사리함 불공성취여래

2. 삼매회의 오불

삼매야회는 성신회의 동방(하방)에 그려진 만다라로 존격은 모두 상징적인 법구로 나타나 있다. 예를 들면 대일여래는 탑, 아축여래는 금강저, 보생여래는 여의보주, 무량수여래는 독고저위에 연화, 불공성취여래는 갈마저로 나타내고 있다. 여기에는 상징적인 법구로 나타낸 삼매야회의 존재이유가 있다. 만약 모든 만다라가 성신회와 같이 존형으로만 나타나 있다면 불상이라는 것이 하나의 고정관념이 되어 버리고, 본래 형상으로 나타낼 수 없는 불의 세계가 역으로 형상이라는 틀속에 한정되어 버리기 때문이다. 이것을 사람의 신체를 기본으로 나타낸 불상은 친근감을 느끼고, 각 존격의 마음을 수용하기 쉽게 생각하지만 부동명왕이라고 하면 분노한 모습으로 견색과 검을 가지고 있으며, 화염에 둘러 싸인 모습을 생각한다. 문수보살이라고 하면 사자에 타고, 검과 경전을 가진 모습이라고만 생각해 버린다. 나아가서 부동명왕의 모습을 보고, 문수보살의 모습을 보았다고 말하게 될 것이다.

본래 불상은 불의 세계를 지상의 물체를 가지고 상징적으로 나타낸 것이기 때문에 불상이라는 실체가 있는 것이 아니라 상징을 통해서 불의 세계를 나타내는 것은 지극히 중요한 것이다. 여기서 삼매야회는 만다라의 세계를 나타내는 중요한 의의가 있는 것이다. 삼매야회는 초회금강정경의 금강비밀만다라의 장의 기술에 의거하고 있다. 이 오불의 기술을 의역해 보면 "중앙의 대좌에 안치하는 탑은 금강계의 자재인이다. 금강부의 대좌에는 금강부의 금강을 안치하고, 보부의 대좌에는 금강보를 안치하고, 법부의 대좌에는 금강연화를 안치하고, 갈마부의 대좌에는 갈마금강을 안치한다"고 되어 있다.

삼매야회의 만다라

1) 대일여래

연화위에 옆으로 된 금강저를 두고, 그 위에 금강계자재인으로 일컬어지는 탑인을 나타낸다. 『오부심관』에는 연화위에 보병형을 한 탑(보병탑)을 나타내고 있다. 탑은 예로부터 불타석존의 상징으로 나타내왔다. 이와 같이 탑을 가지고 불타를 나타내는 데에는 그 이유가 있다. 인도에는 유명한 산치대탑이 있다. 그것을 보면 주위를 둘러 싼 테두리 위에 풍만한 육체를 한 여존약사(女尊藥使, Yaksī) 가 조각되어 있다. 약시는 생산의 상징으로 수목의 정(精)이라, 뿌리 깊은 나무는 나날이 성장해서 무성해지는 것이다.

이것은 여성의 정을 줄 때에 무한한 생명과 풍요가 약속된다고 한다. 석존의 탄생도를 보면 어머니 마야부인이 머리위의 수목에 손을 댔을 때 오른 쪽 겨드랑이에서 석존이 태어났다는 것도 수목과 약시의 신앙이 저변에 깔려 있다고 볼 수 있다. 이와 같이 탑은 생명을 탄생시키는 상징이다. 나아가서 탑은 천지를 연결하여 지상의 소원을 천상에 이르게 하는 종교적인 건축물이다. 이것은 천지를 연결하는 대생명의 상징이다. 그리고 탑은 차이트야(caitya, 積集)의 성격과 어우러져서 유골을 수납한다. 단 이것은 묘가 아니다. 묘는 사자의 유골, 사체를 수납하는 장소이지만 탑(stūpa)에 수납하는 것은 물질적으로 유골이지만 신앙적인 입장에서 사리이다. 사리의 예에서 볼 수 있듯이 “일심정례, 만덕원만, 진신사리, 본지법신, 법계탑파”라고 일컬어 지듯이 사리신앙은 유골이 아니라 법계탑파 즉 영원한 진리의 세계, 제불의 세계를 나타낸느 수투파의 진수로 인식되었다. 스위스의 룻체룽교회에서는 인골에 보석을 박이 아름다운 유리상자에 넣어서 봉안한다. 이것은 단순한 유골이 아니라 부활재생하는 신의 생명으로 보는 것이다. 이와 같이 보면 탑은 대생명, 천지를 연결하는 것, 재생부활을 나타내는 상징이고, 살아 있는 불법을 나타내는 것이라고 볼 수 있다. 밀교사원의 경우 본당의 수법단에는 불탑이 봉안되어 있다. 이것은 수행자가 본존의 상을 앞에 두고, 유가관상을 심화시켜가는 가운데 앵자의 마음과 단앞의 본존의 상에 감추어진 마음이 하나로 되어 입아아입하는 깊은 체험을 통해서 법계탑파가 되어 가는 관상의 실마리로 되는 것이다. 그래서 이 탑은 본당의 핵심이다. 이와 같이 보면 탑은 깊은 종교적 체험의 구극의 세계를 나타내는 것이고, 대일여래와 다를 바 없는 것이다. 그러므로 태장과 금강계에서도 대일여래는 탑으로 나타낸다. 이것은 풍요로운 마음이고, 모든 덕이 적집된 것이이기 때문에 탑의 정신을 보병으로도 나타내는 것이다. 그러므로 대일여래를 보병탑으로 나타내는 것은 구극에 석존의 깨달음이 풍요로운 마음이며, 석존의 깨달음이라는 것은 대일여래와 다르지 않다는 것을 나타내는 것이다.

2) 아축여래

금강저를 옆으로 하고, 분노저를 세우고 있다. 『오부심관』은 금강저를 세워 쌓는다. 이것은 금강중의 금강, 금강에 의해서 열리는 깊은 금강의 세계를 나타낸다. 이것은 아축의 촉지인은 금강의 지혜가 근간이 되어 영원한 생명을 얻는 보리심의 활동을 나타낸 것이라고 할 수 있다.

3) 보생여래

삼변보주로 나타낸다.『오부심관』은 금강저위의 보주이다. 이것은 보리심의 활동이 청순한 마음의 활동이며, 보리심이 활동하는 것은 청순한 마음, 여의보주를 드러내 가는 것을 의미한다. 이 마음은 인간형성을 위해서 영원히 변하지 않는 보배이기 때문에 보를 생하는 여래로서 보생여래라고 한다.

4) 아미타여래

옆으로 된 금강저 위에 독고 금강저를 세우고, 그 위에 연화를 나타낸다. 『오부심관』은 금강저위의 개 연화이다. 이것은 보리심의 활동이 일체의 번뇌를 깨부수고 청정한 세계를 여는 인격의 꽃을 피워가려고 하는 것을 나타내고 있다. 그래서 청정한 마음에 있으며 모든 것을 있는 그대로 관찰할 수 있고, 세계의 진실된 모습을 자기의 것으로 할 수 있다는 것이다.

5) 불공성취여래

옆으로 된 금강저 위에 갈마금강저(십자금강저)가 있다.『오부심관』도 마찬가지이다. 금강에 금강을 중첩시켜서 십자로 하는 것은 보리심에 의해서 열린 자기는 모든 생동이 금강의 활동이 되어 있다는 것이다. 그것은 안으로는 자기의 미혹을 극복하고, 밖으로는 사람을 교화해 가는 이타의 활동으로 가득찬 것을 나타내고 있는 것이다.

이와 같이 삼매야회에서 나타내는 법구는 제존이 이상으로 하는 세계를 행자자신이 체득해

서 적어도 제존에 나타내는 마음에 근접시키려고 하는 것을 나타내는 것이다.『오부심관』의 도상은 하단에 크게 상징도형을 나타냄과 동시에 인간의 모습을 한 존상이 양손에 상징법구를 들고, 그 상징하는 마음을 자신의 것으로 하려고 하는 그림이 그려져 있다. 이 상징하는 마음을 체득하는 것은 금강의 미세지(微細智, sūkṣma-jñāna)를 체득한다고 한다. 이것은 미세회에 나타나 있다.

3. 미세회의 오불

미세회는 현도 구회만다라에서는 동남각에 그려진 만다라로 정면에서 좌하에 위치하고 있다. 이것은 『초회금강정경』의 금강지법만다라의 소설에 의해서 그려진 것이다. 미세라는 것은 금강의 미세지(vajra-sūkṣma-jñāna)라는 말이다. 이것은 단순히 대상을 알고, 이해해가는 지(智)가 아니라 마음을 각성시켜 진리의 세계, 불타의 세계를 체득해가는 지이다.

심묘(深妙)하고 마음의 근저로부터 자기의 일체를 광명화(光明化)해가는 지이다. 앞의 삼매야회는 여래가 가진 마음근저의 비밀세계를 나타낸 것이다. 여래가 지닌 심비밀의 구극적 마음은 대비의 서원이다. 대비심을 발현함에 의해서 사람들을 성신회의 세계로 끌어 들이려고 하는 것이다. 그 활동은 그대로 여래지혜의 활동이 되어 가는 것이다. 그 지혜가 스스로 갖추어 질 때 여래의 마음과 같이 되어 가는 심묘한 지혜가 되기 때문에 이것을 미세지라고 한다. 따라서 미세지가 활동하는 것은 그대로 여래의 대비심을 머금게 되고, 삼매야회와 미세회가 나타내는 표리의 관계가 되는 것이다.

『현도』의 미세회 각존은 삼십칠존 모두 금강저속에 그려져 있다. 이 존상은 성신회의 존상과 마찬가지이며, 각존이 나타내는 표치, 즉 삼매야형과 상징적 법구는 모두 삼매야회의 법구와 동일하다. 이와 같이 금강계만다라의 체득은 행자 스스로가 미세지를 몸에 갖춘 것을 나타낸다.

이것은 『오부심관』을 보면 보다 명확하게 된다. 성신회는 전체가 완성된 모습을 나타내기 때문에 존상, 표치인, 진언, 수인등이 모두 그려져 있다. 삼매야회는 존이 나타내는 특색을 표치인으로 나타내고, 그것을 양손으로 전방에 받들어 그 마음을 체로 하는 것으로 그려져 있다. 미세회에서는 표치인이 정인의 위에 나타내고, 가슴속에 위치해서 마음이 이 표치와 일체화하도록 그려져서 이것이 금강의 미세지의 주체로 되어 가는 것을 분명히 하려고 하고 있다.

대일여래의 존상은 성신회와 마찬가지고 지권인을 나타내고, 존상의 배후에는 금강저를 나타내서 금강과 일체화된 관계로 되어 있다.『오부심관』은 사방에 금강저의 머릿부분이 드러나서 갈마저가 배후에 있는 것과 같은 그림이다. 이 존으로 나타낸 진언은 "옴 미세금강지의 본서에 있는자여! 훔"으로 되어 있다.

아축여래의 존상은 촉지인으로 성신회와 동일하다. 단 배후에는 금강저를 나타내고 있다. 『오부심관』은 연화좌에 앉아 선정의 모습을 한 존상을 그리고, 정인의 위에 금강저를 나타내고, 가슴속에 금강을 관상해서 금강과 일체화한 그림이다. 이 존에는 "옴 금강살타의 미세지의 본서에 있는 자여! 훔"이라는 진언

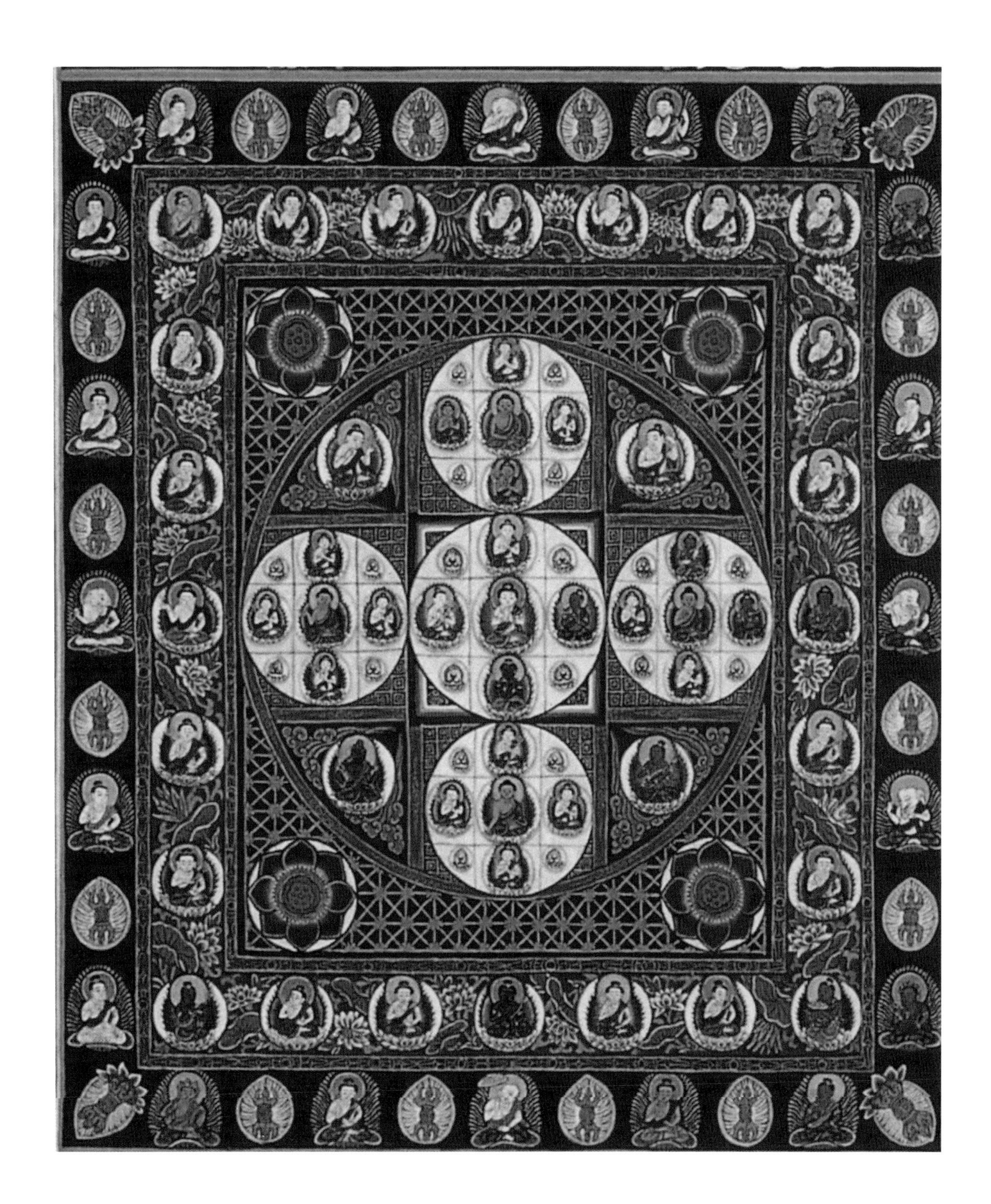

이 나타나 있다.

보생여래의 존상은 여원인으로 배후에는 마찬가지고 금강저가 나타나있다. 『오부심관』은 아축과 마찬가지고 선정인의 위에 금강저위에 보주를 관상하는 모습으로 "옴 금강보의 미세지의 본서에 있는 자여! 훔"의 진언을 나타내고 있다.

무량수여래의 존상은 정인이다. 배후에 금강저가 나타나 있는 것은 앞의 존과 동일하다. 이하 모든 금강저가 배후에 있다. 『오부심관』은 정인의 위에 금강위의 개연화를 관상하고 있다. 정인은 이하의 존 모두 공통이다. 진언은 "옴 금강보의 미세지의 본서여! 훔"이다.

불공성취여래의 존상은 시무외인이다. 『오부심관』은 정인의 위에 갈마저(십자금강저)를 관상하고 있다. 진언은 "옴 금강업의 미세지의 서원이여! 훔"이다.

이상 미세회의 오불은 성신회의 모습을 근간으로 그것이 금강의 주체가 되어 있는 것, 그리고 진언을 보면 아축, 보생, 무량수, 불공성취를 나타내는데 각각 보살명으로 나타내고 있다. 즉 금강살타, 금강보, 금강법, 금강업으로 되어 있다. 이들 보살명에 미세지가 덧붙여져 있다. 이것은 미세지, 즉 여래의 지혜를 움직여서 금강부, 보부, 법부, 갈마부(업)을 증득해가는 실천의 입장을 강조한 것이라고 보여진다. 그런면서도 마지막에 있는 훔은 좁은 자기의 생각을 타파해 가는 것을 의미하는 말이다. 그래서 미세회는 금강의 세계를 체득시킴과 동시에 안으로는 좁은 나를 극복해가는 것이다. 이와 같은 내가 타파되었을 때 거기서 모든 것을 크게 감싼 자비심이 생해간다. 대지는 자비심을 생하고, 그것은 여래의 비밀스런 마음, 삼매야회의 마음과 통하고, 삼매야회의 마음은 대지를 생하는 것이다. 대비와 대지는 모두 여래의 실천이 된다. 이 활동은 공양이 되는 것이다. 공양회는 이 입장을 분명히 한다.

4. 공양회의 오불

공양회는 성신회의 남방(좌)에 그려져있다. 이것은『초회금강정경』의 금강사업갈마만다라 소설을 근간으로 해서 그려진 것이다. 공양 pūja은 감사하는 마음, 겸손한 마음을 가지고 봉사하는 실천을 의미한다. 앞의 삼매야회는 대비심을 근간으로해서 전개된 만다라이고, 미세회는 대비에 의해서 각성된 미세지를 체득한 입장을 명확히 한 만다라였다. 대비는 대지(미세지)로 전개되고, 대지는 대비를 머금은 활동이다. 대비나 대지도 표리으 관계에 있고. 아울러 여래의 세계, 즉 성신회의 세계에 육박해가는 실천으로 되어 간다. 이 실천면을 강조하할 때 공양회는 성립한다.

『현도』 공양회의 각존은 성신회와 비교해서 명확한 차이는 없지만『오부심관』에는 잘 나타나있다. 중존인 대일여래가 여래형인 점은 크게 차이가 없지만 다른 존은 아름다운 여존으로 그려져있다. 그래서 각존은 모두 월륜중에 풀과 꽃이 그려져 있고, 여래와 함께 어떤 환희속에서 교화활동을 하고, 공양이 이루어지는 것을 나타내려고 하는 것이다. 이와 같이 보면 금강계만다라의 세계는 대비, 대지, 그리고 여래로서 구원하는 환희가 모든 것을 정화하는 봉사의 활동이 되어 성신회의 세계를 실질적인 것으로 하려고 했던 것이다.

대일여래의 존상은 여래형으로 좌수는 허벅지있는 곳에 권을 해서 위로 향하고, 오른 손은 가슴앞에 권을 하고 있다.『오부심관』에서는 풀과 꽃에 둘러 싸인 보주가 어우러진 가운데 연화좌의 위에 여래형의 존상이 앉아 있고, 왼손은 가사의 일부를 쥐고 오른 손은 들어서 설법하는 모습을 하고 있다. 여기서 나타낸 진언은 “옴 일체여래의 금강계자재의 최상의 공양의 본서여! 훔”이다. 이것은 행자자신이 대일여래의 마음을 체득했기 때문에 금강계자재 (vajra- dhātvīśvarī, 대일의 자유경지) 를 얻고, 이타교화의 성업으로 나아가는 진언이다.

다음의 사불도 마찬가지고, 공양회의 아축, 보생, 무량수, 불공성취는『현도』에서 여래형으로 각각 촉지인, 여원인, 정인, 시무외인을 나타내고, 모두 성신회의 사불과 마찬가지이다.『오부심관』에서는 각각 금강저, 보주, 성숙연화, 독고십자의 표치를 나타내고, 초화로 둘러싸인 보살의 부드러운 모습을 해서 공양의 업에 충실한 모습을 나타내고 있다.『현도』에서는 행자가 즉 여래의 입장에 서서 교화에 힘쓰는 모습을 나타내고 있다.『오부심관』에서는 행자가 체득한 금강부, 보부, 법부(연화부), 갈마부의 세계를 사람들에게 가르치려고 하는 교화의 업에 있는 것을 도시한 것이다.

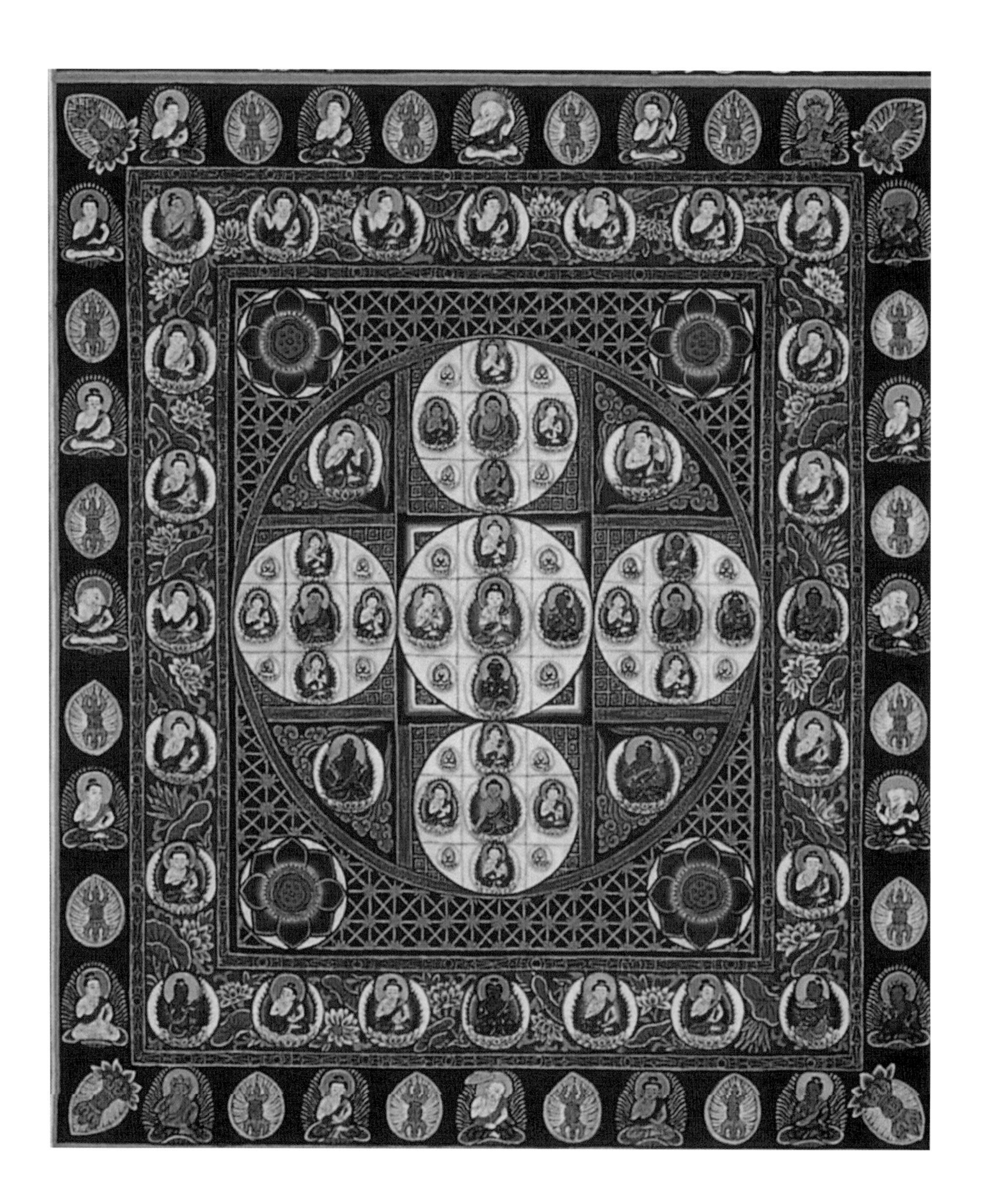

아축여래의 성원은 "귀명합니다. 일체여래가 나타내신 금강살타의 최상의 공양을 하는 서원이 널리 펼쳐지도록 훔"

보생여래의 서원은 "귀명합니다. 일체여래가 나타내신 금강보의 최상의 공양을 하는 서원이 널리 펼쳐지도록 훔"

무량수여래의 서원은 "귀명합니다. 일체여래가 나타니신 금강법의 최상의 공양을 이루는 서원이 널리 펼쳐지도록 훔"

불공성취여래의 서원은 "귀명합니다. 일체여래가 나타내신 금강업의 최상의 공양을 나타내는 서원이 널리 펼쳐지도록 훔"이다.

위의 서원을 보면 대일은 금강계자재의 최상공양, 사불은 금강살타의 최상의 공양, 금강보의최상의 공양, 금강법의 최상의 공양, 금강업의 최상의 공양을 하는 것을 의미한다.

아축이 나타내는 금강살타의 최상의 공양은 모든 사람에게 보리심을 일으켜서 대일여래에게 답하는 보리심공양이다. 이 공양은 살왕애희의 사보살을 가지고 더욱 그 내용을 풍족하게 나타낸다.

보생이 나타내는 금강보의 최상의 공양은 모든 사람에게 인간본성속에 있는 청정한 보배같은 마음, 즉 여의보주를 나타나도록 하여 인격을 형성시킨다고 하는 관정공양을 가지고 대일에게 답한다. 이 공양은 보광당소의 사보살을 가지고 더욱 내용을 풍족하게 나타낸다.

무량수가 나타내는 금강법의 최상공양은 모든 사람에게 인간관계의 진실된 모습, 즉 다르마(dharma)를 나타내서 자비심으로 육성시켜 대일에게 대답한다. 이것을 법공양이라고 한다. 이 공양은 법리인어의 사보살을 가지고 더욱 풍족하게 나타낸다.

불공성취의 금강업의 최상의 공양은 모든 사람에게 금강의 활동(보리심의 활동)을 가지고 자기인격의 향상과 사회정화에 힘써서 대일에게 대답한다. 이것을 갈마공양이라고 한다. 업호아권의 사보살을 가지고 이 내용을 풍족하게 나타내는 것이다.

이상으로 금강계의 오불을 성신회, 삼매야회, 미세회, 공양회의 입장에서 각각 살펴 보았다. 성신회는 금강계만다라의 모든 것을 나타낸 것이다. 그러나 이 만다라세계를 체득하려고 하는 행자의 입장에서는 오상성신관을 통해서 여래의 마음을 추구하고, 보리심을 일으켜서 그 마음이 금강심이라는 것을 체득한다. 아울러 이 마음을 체득하는 것이 심신 다같이 금강의 세계에 살면서 불신이 되어 가는 것을 나타낸다. 이것이 그대로 오불의 세계로 되어 가는 것을 명확히 하려고 한 것이다. 또한 금강계의 체득은 석존의 깨달음의 체득과 같다는 입장에서 석존이 나타낸 촉지인, 여원인, 정인, 시무외인을 가지고 사불을 나타내고, 그 사불이 단순히 석존의 깨달음을 나타내는데 머물지 않고, 깨달음의 진수, 즉 밀교이 구극의 세계를 나타내려고 지권인(각승인)을 나타내는 대일을 가지고 금강계의 특색을 나타내려고 한 것이다.

그러면서도 금강계의 체득은 동남서북 사방 모두가 불의 정토이며, 광명이 비추는 세계였지만 행자가 즉 대일이 될 때, 그것은 광명의 주체가 되어 영원한 생명속에서 살아 간다는 것을 나타낸 것이다.

삼매야회에서는 이 영원한 생명으로 살아 가는 모습을 여래가 원하는 구극의 모습으로서 상징형을 나타낸 것이다. 탑 stūpa를 가지고 영원한 생명, 그리고 거기에서 생하는 보리심의 화동을 금강저로 나타내고, 청순한 마음을 보주로 나타내고, 진실을 여는 자비심으로 살아 있는 모습을 독고저위에 연화로 나타내고, 모두가 자기의 향상과 이타구제의 활동으로 되어 가는 것을 갈마저로 나타내고 있다.

공양회는 밖을 향해서 금강의 수승한 세계를 실현해가는 활동을 나타낸 것이기 때문에 스스로가 금강부, 보부, 법부, 갈마부의 세계를 건설해 가는 것이 진실로 오불의 세계를 체득한 것이라는 것을 나타내려고 하고 있다.

5. 십육대보살

대일여래의 완전무결한 본성을 네 부분으로 나눈 것이 사불(四佛)이다. 이들 사불은 각각 사보살(四菩薩)을 출생, 사불의 정신을 현실세계에 침투시켜 깨달음의 길을 구체적으로 나타낸다. 이들 사불 각각에 속하는 사친근보살(四親近菩薩)을 합해서 십육대보살이라고 한다.

1) 동방아축여래의 네 보살

아축여래가 대일여래에게 받은 보리심의 덕을 살타, 왕, 애, 희의 4보살로써 전개한다.

아축여래는 촉지인을 나타내고 있다. 이것은 보리심을 일으켜서 결실한 삶을 확립하는데 있다. 이 보리심을 일으키는 것은 여래의 근본서원이기 때문에 이 입장을 근간으로 해서 활동하는 제존을 일체여래의 대삼매야(대서원에 사는 것)라고 불리고 있다. 여기에 있는 네존은 각각 대보리심, 여래의 세계로 구소, 여래의 애심으로 물들어 감, 커다란 환희를 베풀어 가는 활동을 나타내고 있다.

이들 네 존은 모두 보리심이 근간으로 되어 현현하는 덕을 나타낸 것이다.『오부심관』의 상은 네 존이 모두 아축여래으 탈 것과 같은 상좌에 앉아 있다. 크끼리는 인도에서 성스러운 동물로 온순하면서 강력한 힘을 가지고 있기 때문에 불타의 상징으로 되었으며, 보리심의 상징으로 간주되고 있다. 그래서 보리심을 인격화한 보현보살의 승물로 되어 있다. 그래서 이 네 존은 보리심의 덕상이 변용, 아축여래의 교화의 덕의 발전이라고 볼 수 있다.

중국 법문사 사리함 금강살타보살

(1) 금강살타(金剛薩埵, Vajrasattva)보살

도상은 왼손에 금강령, 오른손에 금강저를 나타내고 있다. 존의 상징도는 금강저이다. 즉 오른손에 오고저(五鈷杵)를 들고, 왼손에 금강령을 가지고 있으며, 백색을 하고 있는 것이 이 존의 특징이다. 이 보살은 각자의 중생이 가지고 있는 청정한 보리심을 일깨워 준다. 이 존은 보리심이 가장 중요하다는 것을 나타내고, 사람들에게 보리심을 일으키게 하고, 진정한 자기에 눈을 뜨게 해서 대일의 세계에 살게 하려고 한다. 금강령은 자고 있는 마음을 불러 일으키고, 금강저는 견고한 마음을 육성심켜서 일체의 번뇌를 타파하여 이기는 것을 이상으로 하고 있다. 그것은 어디까지나 보현보살이 항상 보리를 보리를 구하려고 스스로 향상의 노력을 하는 것과 마찬가지로 자신이 얻은 훌륭한 체험을 통해서 사람들을 교화하는 이타향하의 활동에 있는 것을 의미한다. 이 보현심이 일어날 때 금강의 세계는 실현된다는 것이다. 이 훌륭한 활동을 찬탄해서 진여금강이라고 부른다. 이것은 구극의 진리를 실현해가는 위대한 존이라는 것이다.

중국 법문사 사리함 금강왕보살

(2) 금강왕(金剛王, Vajrarāja)보살

이 존은 두 권을 가슴 앞에 교차하고 있다. 『오부심관』에서는 구(鉤)를 가지고 있으며 황색을 하고 있는 것이 이 존의 특징이다. 상징형은 금강구이다. 자신이 보리심을 가지고 있음을 안 중생을 구를 가지고 불도로 이끈다. 가슴 앞에 두 권은 위로는 일체여래를 불러서 자기를 향상하는 자리의 행, 아래로는 일체 중생을 교화하는 이타의 서원을 나타내는 것이다.

보리심의 활동은 진실된 자신을 확립시키는 활동이며, 당연히 사람들을 진리의 세계로 끌어 들이는 구제의 활동으로 되어 간다. 금강구는 그것을 나타내는 것이다. 이 활동은 진실로서 위대한 구제심을 가진 불공왕(不空王, Amogha-rāja)의 활동과 같다. 모든 것을 멈추지 않고 구제하는 커다란 마음이다. 이 마음에 살 때 그것은 대일여래의 구소의 깊은 마음으로 되어 살아 갈 수 있다. 그 마음은 대일여래의 마음과 하나가 되었다는 의미로 자성금강이라고 찬탄하는 것이다. 보리심이란 이타구제라는 것을 역설하고 있다.

중국 법문사 사리함 금강애보살

(3) 금강애(金剛愛, Vajrarāga)보살

이 존은 애염의 화살을 가지고 있다. 즉 양손에 활과 화살을 가지고 있으며 적색인 것이 이 존의 특징이다. 상징형은 활과 화살이다. 활과 사랑의 화살을 가지고 중생을 잡아, 불도(佛道)에 매진하도록 하며, 보리심을 양육시킨다. 금강왕의 활동을 이어 받아서 진실된 구제는 자비심을 머금은 애염의 활동에 있다는 것을 나타내려고 하고 있다. 삼매야회의 상징은 두 개를 합친 금강저이다. 금강의 견실한 세계로 이끄는 것은 자신의 번뇌와 싸우고, 편협한 욕망을 극복해가는 엄격한 면이 없으면 안된다. 진실된 교화는 피부로 느껴지는 애심에 의해서 상대의 마음을 감싸고, 부드러운 마음을 가지고 선도해 가는 것도 중요하다. 이 애심에 의해서 이끄는 것은 마왕(魔王, Māra)의 활동에 있다. 마는 원시불교에서 자신을 미혹하게 만드는 것, 무지한 자의 유혹, 단제하지 않으면 안되는 것으로 인식되었지만 거꾸로 마가 가진 인간적인 것, 애욕활동은 일전해서 커다란 여래의 교화활동으로 되어 가는 것이다. 이 활동은 대일여래의 수염지(隨染智)라고 하여 인간 각자의 개성에 맞추어 애심을 심어 진실된 교화를 할 수 있다. 그렇기 때문에 이 활동을 찬탄해서 대비금강이라고 부르는 것이다.

중국 법문사 사리함 금강희보살

(4) 금강희(金剛喜, Vajrasādhu)보살

이 존은 두 손을 권으로 해서 가슴앞에 두고 있다. 즉 양손의 권을 가슴앞에 두고, 이제 되었다는 안도의 모습을 나타낸다. 신색은 녹색을 하고 있는 것이 이 존의 특색이다. 상징형은 기쁨을 나타낸 두 권, 또는 십자독로저이다. 이상의 과정을 거쳐서 중생에게 기쁨을 주어 보리심의 덕을 완성한다. 이 두 권은 사랑의 선도에 의해서 구제된 기쁨을 나타낸다. 애염의 활동은 진실된 교화이고, 교화구제의 비결이 담긴 커다란 기쁨을 체득한다. 이 세상의 최고의 기쁨은 진실의 세계에 눈을 뜨고, 불타의 세계에 사는 것이다. 그리고 이 훌륭한 세계를 사람들에게 가르치고, 구제된 기쁨을 맛보는 것은 무상의 기쁨이다. 이 기쁨은 환희왕(歡喜王, Prāmodya-rāja)의 마음을 체득하고 것이고, 이것은 대일여래의 대만족(大滿足, Mahā-tuṣṭi)를 얻는 것이다. 이 기쁜 마음을 찬탄해서 선재금강이라고 부르는 것이다.

2) 남방보생여래의 네 보살

보생여래는 여원인을 나타내고 있다. 이것은 아축이 나타낸 보리심의 모든 덕상을 이어받아서 보리심에 의해서 펼쳐지는 보의 세계를 사람들에게 베푸는 것을 나타내려고 한다. 새롭게 수승한 보의 세계를 여는 것은 인생관을 크게 바꾸어 가는 교화이고, 이 교화를 관정이라고 말하고 있다. 관정이란 정수리에 여래의 지수(智水)를 뿌리는 의례를 가리키지만 이 지수를 가지고 세계관을 바꾸어 가는 교화를 행하는 것으로 볼 수 있다. 따라서 보생을 보좌하는 네 존은 관정의 대사라고 부르기도 한다. 네 존은 각각 대관정(大灌頂), 심광륜(尋光輪), 대리유정(大利有情), 대소(大笑)의 활동을 나타낸다. 그래서 보생여래의 보의 덕은 보(寶), 광(光), 당(幢), 소(笑)의 4보살로 나뉜다. 보생여래를 둘러 싼 네 보살은 청정심의 보심을 나타내고, 마음의 태양을 드러내서 인생의 지침을 확립하고, 커다란 희망을 주고, 여기서 보부의 덕이 완성되어 가는 것을 나타내려고 한 것이다.『오부심관』의 네존은 보생여래와 마찬가지고 말위에 앉아 있는 상이다. 말은 베다신화에서 일천의 수레를 끌고, 태양계를 하루에 동쪽에서 서쪽까지 달릴 수 있는 준마와 같이 빠르게 깨달음으로 이끄는 예지의 상징이다. 지혜의 체득이 보의 증득으로 보고 있는 것이다.

중국 법문사 사리함 금강보보살

(1) 금강보(金剛寶, Vajraratna)보살

이 존은 오른 손에 보를 가지고, 왼손에 여원으로 사람들에게 보를 베풀어 주려고 하는 모습이다. 즉 오른손에 여의보주(如意寶珠)가 있는 오고저를 가지고 있으며, 왼손으로 금강령(金剛鈴)을 가진 형상을 하고 있다. 신색은 황색을 하고 있는 것이 이 보살의 특징이다. 이것은 중생의 마음속에 담겨 있는 본래의 보를 발견, 그것을 육성, 인격을 완성시키는 길로 나아가도록 한다.

상징형은 화염에 둘러 싸인 보주이다. 이것은 번뇌로 오염된 속에서 청정한 마음을 도출하고, 그것을 육성시켜서 원만한 인격을 형성해 가는 것을 나타내고, 그것이 보생여래의 마음이며, 대일여래의 마음과 통해간다는 것을 나타내려고 한 것이다. 본성의 수승한 보주를 나타내려고 한 것은 허공장보살의 마음으로 살아 가는 것이다. 그러면 사람들의 마음은 번뇌에 갇혀서 닫혀져 있지만 공은 무한하고, 마치 대공(大空)이 모두를 감싸서 제한이 없도록 대공과 같은 마음을 간직하는 것은 무한한 보를 체득한 것이 되기 때문이다. 이 공심으로 마음으로 여는 것은 대일여래의 관정의 활동이고, 이 관정활동에 의해서 금강의 보가 얻어지는 것이다. 이 보를 얻도록 하는 활동을 찬탄해서 대보금강이라고 한다.

중국 법문사 사리함 금강광보살

(2) 금강광(金剛光, Vajrateja)보살

이 존은 왼손을 권으로 해서 허벅지 위에 놓고, 오른손은 가슴앞에 대고 일광을 나타내고 있다. 즉 오른손에 일륜(日輪)을 가지고, 좌권(左拳)을 무릅위에 놓고 있다. 신색은 적황색을 하고 있는 것이 이 보살의 특징이다. 중생본래의 보에 광택이 나서 일륜과 같은 광택을 발하며, 중생이 마음속으로 안도감을 가지도록 한다. 상징형은 월륜이다. 금강보보살의 관정의 활동을 받아서 일체를 비춰내도록 지혜의 주체로 되어 간다. 거기서 광명이 비추는 것과 같이 그 무엇에도 움직이지 않는 확고한 인간을 형성한다. 이 지혜야말로 우주일체의 진실된 재보를 나타나게 한다. 거기서 모두는 보토(寶土)가 되고, 인격은 풍요롭게 육성되어 향상과 희망으로 가득찬 밝은 세계가 열려 간다. 그것은 대일여래의 위대한 광명의 광륜의 활동이라고 한다. 이 덕을 찬탄해서 위덕금강이라고 한다.

중국 법문사 사리함 금강당보살

(3) 금강당(金剛幢, Vajraketu)

이 존은 당을 들고 있다. 오른손으로 간(竿)의 끝에 기를 단 당(幢)을 가지고 있으며, 왼손은 좌(座)에 대고 있다. 신색은 청색을 하고 있는 것이 이 보살의 특징이다. 상징형은 당이다. 무외의 안심을 얻고, 당을 목표로 정진하여 중생들에게 자애(慈愛)를 베푼다. 지혜의 눈이 열리고, 모든 것을 태양과 같이 어디든 비출 때 진실의 세계는 드러나고 자기가 가야할 도가 확립된다. 자신의 지침이 정해지면 어떤 시련이나 곤란, 박해를 뛰어 넘을 수 있는 용맹심이 솟아 난다. 보당은 이것을 나타내고 있다. 그래서 이 강력함을 나타내기 위해서 높게 든 보당에서 보배의 비가 내리고, 풍요로운 인간성이 육성된다. 그 활동은 대일여래가 바라는 대중생리심과 같다. 이 활동을 찬탄해서 원만금강이라고 부르는 것이다.

중국 법문사 사리함 금강소보살

(4) 금강소(金剛笑, Vajrahāsa)

이 존은 양손을 권으로 해서 양어깨 위에 두고 있다. 양손은 권을 결하고, 타오르는 기쁨으로 웃는 모습을 취하고 신색은 백색을 하고 있는 것이 이 존의 특징이다. 상징형은 금강소형(金剛笑形)의 저이다. 금강당보살의 덕을 이어받아서 보부의 세계를 체득한 기쁨을 나타내고 있다. 인생의 지침을 찾아 내고, 미혹의 구름을 제거하여 암흑의 고뇌속에서 빛을 얻은 자는 인간본래의 무상의 기쁨을 체득한다. 여기에서 다음날의 희망찬 인생이 열리는 것이다. 여기서 진실된 보는 자신의 것이 된다. 그 기쁨이 금강소이고, 그것은 대일여래의 대소심(大笑心)과 같다. 이 희망에 가득찬 행위를 찬탄해서 희금강이라고 부른다. 노력해서 법열(法悅)을 맛보고, 사람들에게 진리를 설할 수 있는 경지이다. 각자의 중생들에게서 되 돌릴 수 없는 가치를 끌어 내는 보생여래의 덕이 여기서 완성된다.

3) 서방아미타여래의 네 보살

이와 같이 아미타불을 둘러 싼 사존은 청정심의 육성, 진실세계의 체득, 진실세계로 전입(轉入), 진실어를 가지고 여래의 대지(大智)를 자신의 것으로 만들어 가는 활동을 나타낸다.

『오부심관』의 사존은 아미타와 마찬가지로 공작좌에 앉은 모습을 나타낸다. 공작은 독사를 먹기 때문에 번뇌를 단제하고, 청정함을 얻는 활동을 나타타내는 것으로 간주한다. 법부의 근저에는 항상 청정심이 근간으로 되기 때문이다.

무량광여래가 선정을 통해서 얻은 지혜의 덕을 구체적으로 나타낸 것이 법(法), 리(利), 인(因), 어(語)의 4보살이다.

중국 법문사 사리함 금강법보살

(1) 금강법(金剛法, Vajradharma)

왼손에 미부연화(未敷蓮華)를 가지고 있으며, 오른손으로 그것을 펴는 자세를 하고 있다. 신색은 적색이다. 선정에 의해서 지혜를 확고히 하고 그것을 중생에게 설하는 내용을 연화를 펴는 모습으로 나타내고 있다. 즉 왼손에 연화를 들고, 오른손으로 연꽃을 펼치려고 하는 인이 이 존의 특징이다. 상징형은 독고저위의 연화이다. 연화는 생명의 상징이자 대비심을 나타낸다. 또한 진흙속에서 나왔으면서도 오염되지 않고 청아한 꽃을 피운다. 이것에 비유해서 그 무엇에도 오염되지 않는 청정한 보리심을 나타내는 것이다. 오른 손으로 연꽃을 펼치려고 하는 인을 하는 것은 연화와 같은 마음을 키워서 펼쳐가는 것을 나타낸다. 그렇기 때문에 연꽃을 펼치려고 하는 인(開勢印)은 법을 설하는 것을 나타내고, 여래의 설법에 의해서 본성청정심을 개시육성하는 것을 나타내려고 하는 것이다. 또한 여래의 설법을 솔직히 받아 들이는 사람은 한 번에 편협한 자신의 마음을 열어서 청정한 마음으로 만들고, 새로운 자기를 창조해 가는 것이다. 그 활동은 관자재보살의 활동과 마찬가지이다. 항상 청정심을 찾아 구함과 동시에 대비심을 키워서 새로운 자기를 확립시킨다. 그 활동은 대일여래의 금강법성지, 즉 금강과 같은 본성을 발현시키는 지혜를 체득할 수 있다고 하여 청정금강이라고도 한다.

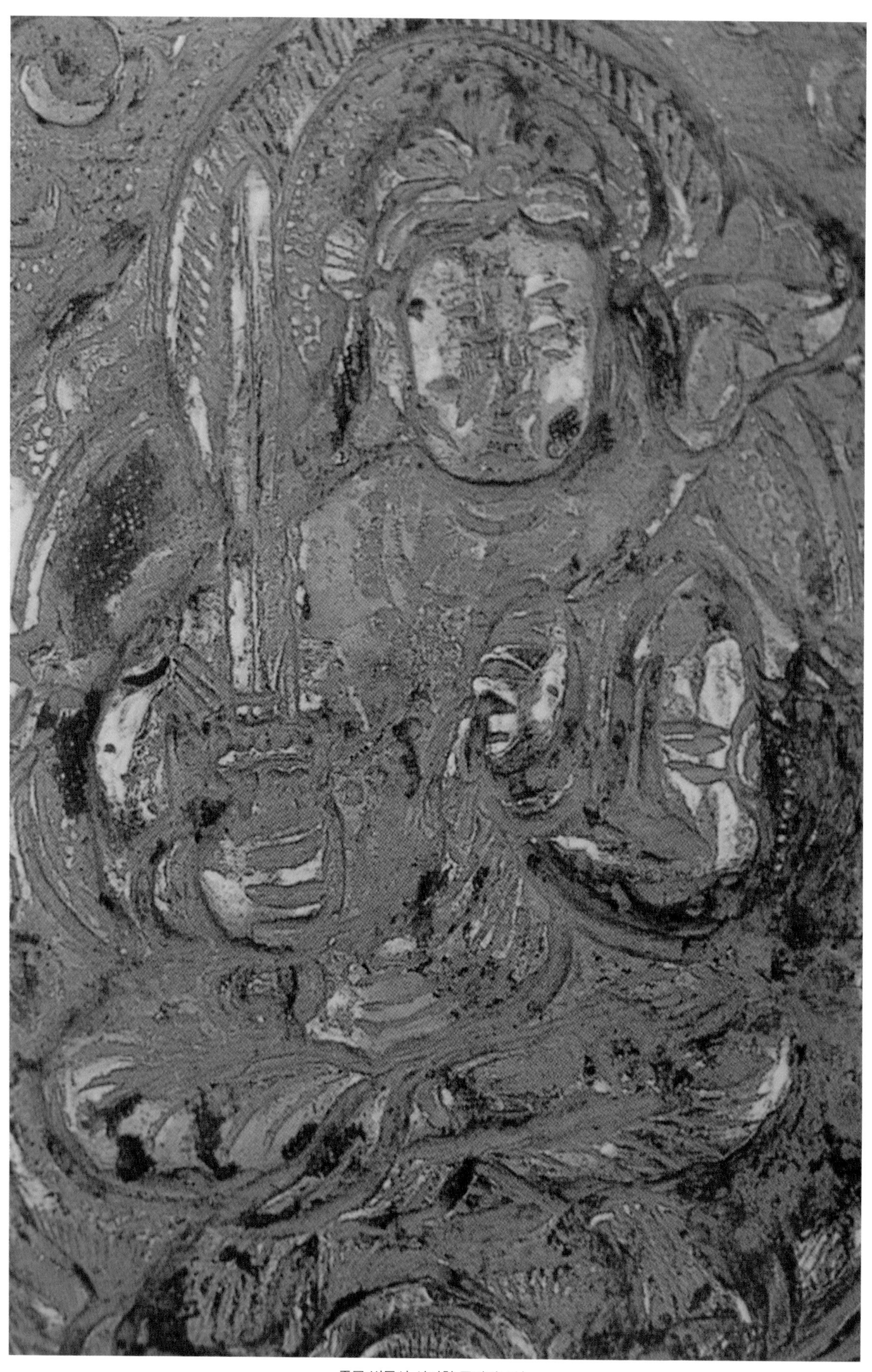

중국 법문사 사리함 금강리보살

(2) 금강리(金剛利, Vajratīkṣa)

오른손에 검을 가지고 있으며, 왼손에 든 연화위에는 경전이 있다. 신색은 청색이다. 미혹을 끊고, 경전을 가지고 바른 도를 나타낸다는 의미를 가지고 있다.

즉 왼손에 경전, 오른손에 검을 가지고 있는 것이 이 존의 특징이다. 상징형은 검이다. 이것은 앞의 금강법보살의 덕을 이어 받아서 청정한 마음을 육성시키는 것은 편협한 자아, 번뇌에 속박된 자기를 단제하는 것이다. 오른 손의 이검은 예지의 활동이 모든 미혹을 단제하고, 왼손의 경전은 진실된 지혜, 즉 반야의 활동이 진실된 자기를 확립해 간다는 것을 나타내는 것이다. 이 활동은 문수보살의 활동과 마찬가지이다. 문수의 이검은 모든 희론을 단제하고, 반야의 지혜는 관자재의 진실된 자기를 확립한다. 이 활동은 대일여래의 반야지의 활동과 마찬가지이다. 이 지혜가 법부의 세계를 열어 간다. 법부의 세계를 여는 덕을 찬탄해서 반야금강이라고도 한다.

중국 법문사 사리함 금강인보살

(3) 금강인(金剛因, Vajrahetu)

이 존은 가슴앞에 법륜의 인을 나타내고 있다. 즉 오른손에 팔폭륜(八幅輪)을 가지고 위로 치켜 세우며, 좌권은 무릅위에 놓은 모습을 하고 있는 것이 이 존의 특징이다. 신색은 황색이다. 지혜를 인으로 해서 법륜을 굴린다. 상징형은 륜이다. 금강리보살의 지혜의 번뇌단제의 덕을 받아서 륜을 나타내고 있는 것은 금강이라는 견실한 지혜가 자기를 크게 탈피시키고, 지금까지의 세계를 크게 바꾸어서 새로운 생명으로 태어나는 것을 나타내려고 하는 것이다. 이 활동은 추발심전법륜보살의 활동과 마찬가지이다. 그렇기 때문에 추발심이란 조금이라도 보리심을 일으킨다면 곧바로 불과를 체득할 수 있다는 것을 인격적으로 나타내는 것이다. 여기서 조금이라도란 적어도 보리심을 일으키든 않든 그 사람은 구제된다고 보기 때문에 발심의 중요성을 역설하고 있다. 이 활동은 대일의 대전륜지(大轉輪智)와 마찬가지이다. 활동의 시작, 단서를 중시한다. 그 발심의 덕을 찬탄해서 불퇴금강이라고 부른다.

중국 법문사 사리함 금강어보살

(4) 금강어(金剛語, Vajrabhāṣa)

이 존은 왼손을 권으로 해서 무릅아래에 두고, 오른손은 가슴앞에 설인(說印)을 나타낸다.

즉 오른손으로 여래의 설(舌)을 들고 가슴있는데 대고 있으며, 좌권은 무릅위에 놓고 있는 것이 이 존의 특징이다. 신색은 동색(銅色)이다. 지혜의 비밀어를 가지고 중생들에게 설한다.

상징형은 금강설이다. 금강인보살의 덕을 받아서 약간의 보리심을 일으켰을 때 새로운 생명에 눈을 뜨고, 일체의 허식은 씻어내서 마음 깊은 곳으로부터 진실된 말을 내보낸다. 그것은 진실된 말, 진언이고, 여래의 말이기 때문에 사람들을 잘 교화할 수 있다. 진실이야말로 많은 사람에 대한 무기이며, 그 성실함으로 인하여 사람들을 감화시킨다. 이것은 대일여래의 언설의 이희론지(離戲論智)의 활동이고, 법부의 세계를 증득해 갈 수 있다. 이 진실을 말하는 활동을 찬탄해서 성공금강(性空金剛)이라고 부른다.

4) 북방불공성취여래의 네보살

불공성취가 나타내는 갈마부는 금강의 실천, 만다라의 세계를 증득시키기 위한 교화의 활동을 나타내는 것으로 이 여래를 둘러 싼 네 존은 공양, 정진, 방편, 일체여래의 구제활동을 나타내는 것이다.『오부심관』의 네 존은 불공성취와 마찬가지로 가루라(garuda, 금사조)에 타고 있다. 가루라는 화염을 상징화한 새이고, 위대한 힘을 가지고 오염된 것을 태워 없애고, 대공으로 향해가는 무한의 자유를 나타내는 것이다. 갈마부의 존들은 여래의 자유세계와 교화활동을 근간으로 해서 전개한 존이다.

불공성취여래는 시무외인을 나타내고 있다. 이것은 금강계의 가르침을 체득하고, 그 가르침을 실천해서 자신의 것으로 만들어 가는 것을 주된 목표로 하고 있다. 이 존을 둘러 싼 네존은 갈마(실천)의 대사라고 부른다. 네 존의 활동은 대정진, 금강의 피갑활동, 대방편, 일체인지의 활동에 있다. 불공성취여래의 활동적인 측면을 적극적으로 나타내기 위해서 업(業), 호(護), 아(牙), 권(拳)의 4보살이 있다.

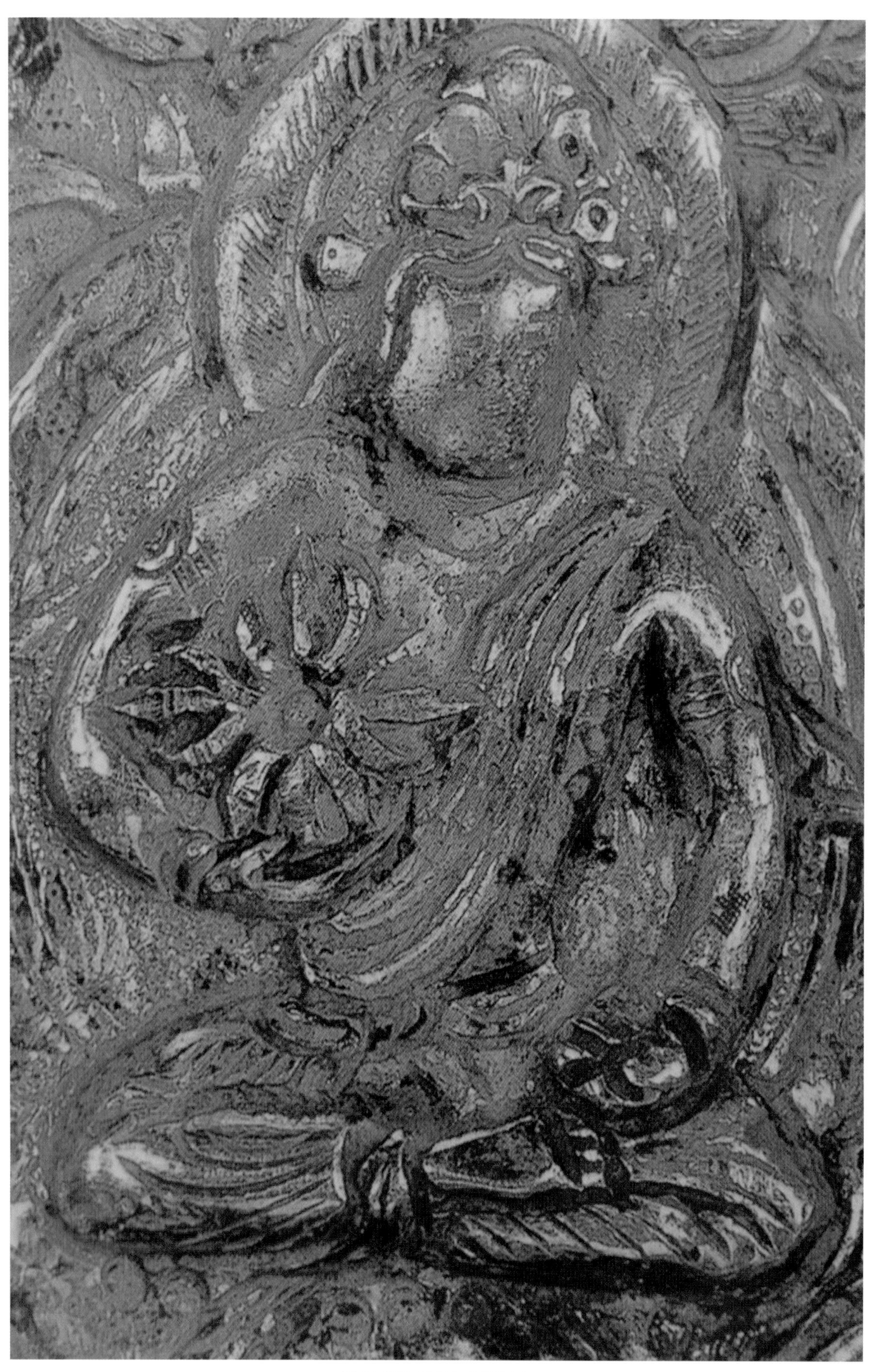

중국 법문사 사리함 금강업보살

(1) 금강업(金剛業, Vajrakarma)

왼손에 금강권을 결한 다음 갈마령(羯磨鈴)을 가지고 있으며, 오른손은 갈마저를 가슴있는 곳에 대고 있다. 신색은 잡색(雜色)을하고 있는 것이 이 존의 특징이다. 여러 중생들에게 이익을 주는 활동을 행한다. 판편 이 존은 두상에 합장한 인을 나타내고 있는 경우도 있다. 불공성취를 둘러싼 네 존의 인은 금강무용이라고 하는 일련의 활동속의 일부를 나타내고 있다. 이 업보살은 양손을 머리위로 올려서 합장하고, 양손을 가슴앞으로 내리고 권을 해서 아래로 향한다. 이 인은 금강호보살의 인으로 하고 있다. 다음에 아래로 향하고 있던 권을 바깥으로 돌려서 양손의 갑(甲)이 가슴 앞에서 등을 향해서 합쳐지도록 한다. 이 인은 금강아보살의 인으로 하고 있다. 그래서 양손의 권으로 안쪽으로 돌려서 가슴앞에 향하여 닿도록 한다. 이것을 금강권보살의 인으로 하고 있다. 이와 같은 일련의 손의 활동은 금강의 무용이라고 하여 금강의 견실한 지혜를 체득한 기쁨을 나타냄과 동시에 모든 행동이 자리와 이타라고 하는 자기의 향상과 타자의 구제를 위한 성스러운 활동을 상징적으로 나타내고 있는 것이다.

업보살은 머리위의 합장인은 자타상호 인격의 향상을 바라고, 대공과 같은 무한의 세계에 들어 가는 활동을 나타내고 있다. 이와 같이 모든 행동이 여래의 활동으로 되어 가기 때문에 일체여래의 일체업의 활동이라고 불린다. 또한 이것은 대일여래의 가르침에 답하는 활동이기 때문에 일체여래의 공양의궤(행동)의 광대업이라고 불리는 것이다. 상징형을 갈마서로 나타내는 것은 모든 활동이 금강으로 되어 있다는 것을 나타내는 것이다. 그래서 온화한 모습이나 성난 모습도 모두 금강의 세계에 들어 가는 실마리가 된다는 것을 나타내고 있다. 모든 행동은 여래의 행동과 마찬가지이기 때문에 그 활동을 찬탄해서 선교금강(善巧金剛)이라고 하는 것이다.

중국 법문사 사리함 금강호보살

(2) 금강호(金剛護, Vajrakṣa)

가슴앞의 금강권을 나타낸다. 한편 갑옷을 입고 손에 갈마(羯磨)를 가지고, 신색은 황색을 하고 있는 것이 이보살의 특징이다. 상징형은 갑옷과 투구이다. 이타를 행하기 위해서 정진한다는 의미에서 갑옷을 입고 있는 모습으로 나타낸다.

앞의 금강업의 덕을 이어 받아서 견고한 지혜에 의한 정진과 마음을 산란시키는 원적과 싸워가는 활동을 나타낸다. 금강호의 별명은 금강정진, 대견고나 난적정진(難敵精進)이라고도 일컬어진다. 유약한 마음, 괴멸로 빠져 들어 가는 마음에 대해서 홀연히 맞서는 마음이다. 이 마음은 대일여래의 대정진견고갑피의 마음이다. 이 정진의 활동은 그대로 대일여래의 활동이 되어 있는 것이다.

중국 법문사 사리함 금강아보살

(3) 금강아(金剛牙, Vajrayakṣa)

양손을 권으로 해서 가슴앞에 갑(甲)을 서로댄다. 한편 금강야차(金剛夜叉)의 화신으로 양손은 권을 결하고 있으며, 얼굴의 양쪽에 엄지손가락과 새끼손가락을 세워 어금니의 형상을 취하기도 한다. 신색은 흑색인 것이 이존의 특징이다. 적극적으로 장애를 제거하기 위해서 분노형을 한 야차의 모습을 하고 있다. 상진형은 아(牙)이다. 손의 갑을 안으로 손바닥을 밖으로 향한 인은 모든 마성(魔性)을 배제하는 모습이다. 금강의 견실한 지혜를 가지고 자신을 높여 가는 정진에 있을 때 미혹한 마음이 솟아 남과 동시에 홀연히 물러 가는 것을 나타내는 것이다. 아는 포악한 귀신의 상징이지만 사람을 살해하는 무서운 활동은 지혜가 일체의 번뇌를 극복하고, 마음속의 적과 용감히 싸워 가는 것을 나타내려고 한 것이다. 이 야차의 활동은 최일체마(摧一切魔)신의 활동이며, 포악함을 가지고 공포심을 주어 모든 것을 정화하는 활동이다. 이 활동은 대일여래의 대방편이고, 번뇌최파의 덕을 찬탄해서 정진금강이라고 부른다.

중국 법문사 사리함 금강권보살

(4) 금강권(金剛拳, Vajrasandhi)

이 존은 가슴앞의 두 손이 금강권의 모습이고, 견고한 자기의 모습을 나타낸다. 상징형은 권인이다. 즉 양손에 권인을 한 다음 가슴 앞에 대고 있다. 신색은 황색을 하고 있는 것이 이 존의 특징이다. 신구의의 삼밀일체관에 의해서 불과 융합, 여래의 교화활동은 완성된다.

금강아의 번뇌최파의 덕을 이어 받아서 자기와의 싸움을 통해서 부동의 자신을 확립하고, 모든 번뇌로부터 해방되어 무한의 자유속에 살아 가는 것을 나타낸다. 그래서 별명이 금강박(金剛縛), 선능해방(善能解放)이다. 이 활동은 일체여래권의 활동이고, 대일여래의 일체지와 마찬가지이다. 그것은 모든 행동이 구제의 활동으로 되어 있다는 것을 나타내려고 한 것이다. 그래서 여래의 교화구제의 활동을 찬탄해서 비밀금강이라고 한다. 말할 것도 없이 금강권보살의 활동은 금강계십육존중의 최후에 나타난 존이기 때문에 금강을 완성한 입장을 나타내는 존이다. 맨 처음에 나온 금강살타는 금강의 세계의 출발점이고, 보리심의 발현이 금강계를 열어 가는 열쇠이지만 이 금강권보살은 금강 그 자체가 되어 살아 가는 것을 나타내는 것이다.

이상 십육대보살의 자리이타행에 의해서 대일여래의 덕이 현실세계에 구체적인 형태로 전개된다.

여기서 우리들이 주목해야 할 것은 이들 보살이 금강이라는 명칭을 가지고 있으나 실재로는 종래에 신앙되고 있던 보살에 금강이라는 관정명이 붙었을 뿐이지 그 성격에는 차이가 없다고 볼 수 있다. 즉 금강살타는 종래의 금강수가 보현보살과 동체로 간주되어 수행자의 이상상(理想像)이 된 불격이다. 마찬가지로 금강보보살은 허공장보살, 금강법보살은 관음보살, 금강리보살은 문수보살과 동체라는 것이다.

6. 공양제존

대일여래가 사불과 십육대보살을 출현시키자 사불은 대일여래에 대해서 사불의 주위에 금강(金剛), 보(寶), 법(法), 업(業)의 사바라밀보살을 가지고 공양한다. 이들 여존의 4불의 부모라고도 일컬어지며, 티베트에서는 경전의 내용에 충실하여 존형을 도화하지 않고, 금강저, 보주, 연화, 갈마금강의 삼매야형으로 나타낸다.

공양의 십육보살은 사바라밀. 내사공양, 외사공양, 사섭보살을 말한다. 진언교학에서는 앞에서 설한 금강계십육보살, 즉 아축을 둘러싼 살왕애희이하의 십육보살을 혜문(慧門)의 존이라고 하고, 지혜의 활동에 의해서 사불의 세계를 체득해 가는 존에 대해서 이 사바라밀이하의 공양의 십육존을 정문(定門)의 존이라고 하여 유가(yoga)의 깊이를 나타내는 것이다.

초회금강정경에서는 혜문에 해당하는 존, 즉 금강계십육보살은 성신회, 삼매야회, 미세회, 공양회에 해당하는 장에 모두 기록되어 있지만 정문에 해당하는 존은 성신회에 해당하는 장, 즉 금강계대만다라의 장에만 완전하게 기록되어 있다. 또한 삼매야회에 해당하는 금강비밀만다라의 장에서는 사바라밀과 내사공양만이 기록되어 있고, 나머지는 생략되어 있다. 미세회와 공양회에 해당하는 장에는 모두 생략되어 있다.

바라밀이란 반야바라밀이라고 할 때 쓰이듯이 깨달음의 세계로 이끄는 활동을 만한다. 금강계만다라에서는 대일여래의 활동을 나타내는데 금강, 보, 법, 갈마의 사바라밀보살을 배치하고 있다. 여기서 배치된 사바라밀존은 언래 아축, 보생, 아미타, 불공성취 사불의 배후여존이며, 사불의 덕을 낳기 위해서 사불과 일체화해서 활동하는 존이었다. 나아가서 이 존은 그 전에는 아름다운 사천녀이고, 미녀의 매혹으로 많은 사람들을 끌어 들인 여존이었다.

이들의 성격이 살아서 대일여래의 매력인 교화, 사불의 덕의 실천자로서 만다라의 교리로 끌어 들인 것이다.

대일여래는 지덕(智德)을 실현하려고 아축, 보생, 아미타, 불공성취의 사불을 출현시켰다. 그것은 영원한 생명과 마음의 주옥을 나타내고, 자비심을 일으켜서 무한한 교화활동을 나타낸 것이다. 이 사덕을 받은 사불은 이 수승한 세계를 시현하신 대일여래에게 경배와 감사의 마음을 가지고 그것을 실현하는데 착수한다. 그 활동이 사바라밀이 된 것이다. 즉 금강바라밀을 비롯한 사바라밀의 활동을 이루어 간다.

여기서 대일여래의 가르침을 실재로 교화해 가기 위해서는 곤란한 벽이 가로놓여 있다. 불을 등지는 사람, 게으른 마음을 가진 사람, 진리의 가르침에 전혀 무관심한 사람들을 인도하는 곤란함이다. 그러나 상냥한 마음, 사랑하는 마음, 아름다운 용모를 가지고 접하면 그것이 혹시 아름다운 여자라면 초목이 흔들리듯이 사람은 유혹에 빠져들어간다.

영원한 진리의 교설은 마치 미인에게 매료되어 마음을 빼앗기듯이 수승한 것이다. 공양실천은 아름다움과 애정, 겸허한 마음이 없으면 안되고, 이런 마음에 있을 때 사람은 모두 성신회의 세계를 체득하는 것이다. 초회금강정경은 사바라밀존을 여성으로 나타내고 있다. 그것은 살타금강녀, 보금강녀, 법금강녀, 갈마금강녀로 불리고 있다. 그리고 이들 네 여존은 사불의 배후여존으로서 나타내고 있다. 이것은 여성의 매력을 나타내는 것과 동시에 만물을 출생하는 근원인 생명력을 나타내려고 한 것이다. 따라서 사바라밀존의 활동은 사불과 일체이고, 그 상징형도 마찬가지이지만 사불속에 내재되어 있는 근원적인 창조적 생명력을 역설하려고 한 것이다.

중국 법문사 사리함 금강바라밀

1) 사바라밀

(1) 금강바라밀

이 존은 대일의 동방에 앉아서 좌수는 권, 우수는 촉지인을 하고 있다. 상징형은 연상에 오고저를 나타내고, 밀호는 견고금강이라고 불린다. 대일여래의 교화실천의 덕, 특히 금강의 덕을 나타내고, 보리심을 발동하여 아축여래의 활동을 발전적으로 나타낸다. 초회금강정경의 기술에 의하면 세존아축여래는 대일여래에게 답해서 일체여래의 지를 체득하고 금강바라밀삼매에 들어 갔다. 즉 그것은 금강견고한 세계의 실현을 도모하기 위해서 교화의 업에 전념하고, 그 업이 잘 실현되기 위해서 여존인 살타금강녀가 되어서 활동한 것이다. 그것은 아축여래가 여존이 되어 아름다운 애정을 가지고 금강견고한 보리심을 유혹하고 일으켜서 대일의 이상에 답하는 활동을 나타낸 것이다. 촉지인은 아축여래와 마찬가지로 보리심을 일으켜서 영원한 기반을 가지고 살아 가려고 하는 마음을 나타내서 대일의 세계를 실현하려고 한 것을 나타낸다.

중국 법문사 사리함 보바라밀

(2) 보바라밀

이 존은 대일의 남방에 머물고, 좌수는 연상에 보주를 나타내고, 우수는 여원인으로 보를 나타낸다. 상징형은 연상에 화염으로 감싸인 보주이고, 밀호는 대보금강이라고 불린다. 대일여래의 보부의 덕을 나타냄과 동시에 보생여래의 활동을 적극적으로 나타낸 것이다. 경전에 의하면 세존보생여래는 대일여래에 답해서 일체여래의 지를 체득하고, 특히 보바라밀다삼매라고 하여 영원불멸의 보를 베풀어 가는 교화의 업에 전념해서 그 업을 실현시키기 위해서 여존인 보금강녀가 되어 교화한다는 것이다. 이것은 보를 베푸는 보바라밀은 아름다운 애정을 베푸는 것에 의해서 본래 갖추고 있는 순수한 마음(보주)을 육성시켜 모든 사람을 풍요로운 마음으로 감싸서 대일의 세계를 실현시키려고 하는 것을 나타내는 것이다.

연상의 보주는 마음의 정화에서 청정한 본래의 자기가 현현하는 것을 나타내고 여원인위의 보는 보생의 이상을 실현하는 것이다.

중국 법문사 사리함 법바라밀

(3) 법바라밀

존형은 정인으로 거기에서 연봉우리를 출현시키고, 위에 경전을 나타내고 있다. 상징형은 연화좌의 위에 독고저가 세워져 있고, 끝에 연화가 있는 모습으로 밀호는 청정금강이라고 불린다. 대일여래의 서방에 앉아서 법부의 덕을 실현해가는 활동을 나타냄과 동시에 아미타여래의 덕을 실현하는 것을 나타내는 존이다. 독고저위의 연화는 금강법보살(관자재보살)과 같은 모습이고, 같은 활동을 하는 존으로 간주된다. 경전에서는 관자재왕여래(무량수여래)는 대일에 답하기 위해서 일체여래의 지를 체득하고, 법바라밀삼매, 즉 청정심으로부터 열린 대생명과 진실을 꿰뚫어 보는 눈을 열게 하는 교화의 업에 전념하고, 법금강녀라는 여존이 되어 교화했다고 설해져 있다. 이것은 애정을 가지고 자성청정심을 육성하고, 교화해 가는 활동에 있다. 사람은 마음이 적정할 때 본래의 청정심을 나타낸다. 이 마음에 있을 때 탁세속에서 자신을 잃어 버리지 않고, 중도에 매진할 수 있다. 거기서 존귀한 인격이 형성되어 간다. 이와 같이 법바라밀은 사람을 청정한 세계로 이끌고, 우주의 진리에 눈뜨게 하여 공심(空心)을 열어 간다. 여기서 커다란 자비심이 생하고, 대일의 세계가 체득되는 것이다.

중국 법문사 사리함 업바라밀

(4) 업바라밀

이 존은 좌수에 연상의 보주를 나타내고, 우수는 여원으로 갈마저를 나타내고 있다. 상징형은 연상의 갈마저이고, 밀호는 묘용금강(妙用金剛)이라고 불린다. 대일여래의 북방에 앉아서 갈마의 덕을 실현하는 것을 나타냄과 동시에 불공성취여래의 활동을 적극적으로 나타내려고 하고 있다. 경전에서 불공성취여래는 대일에 답하기 위해서 일체여래의 지를 체득하고, 일체바라밀다삼매, 즉 모든 활동이 여래의 활동이 되어 가는 마음이 되고, 여존 업금강녀가 되어 교화에 전념한다고 설해져 있다. 갈마저는 금강저에 금강저를 교차시켜 십자로 한 것이다. 금강저는 견실한 지혜의 활동, 즉 여래의 활동을 나타내는 것이기 때문에 금강저를 십자로 하는 것은 모든 행위는 금강의 활동, 즉 여래의 활동이 되어 있다는 것을 나타내는 것이다. 그것은 안으로 좁은 마음, 태만한 마음, 미혹한 마음과의 싸움을 가르치고, 밖으로 향해서는 지혜를 구하고, 진실된 인간을 형성하는 활동에 있다는 것을 나타내고 있다. 개화된 연꽃위의 보주는 금강의 활동에 의해서 청순한 마음을 일으키고, 풍요로운 마음을 육성시켜 가는 것, 여기서 인격의 주옥이 빛나고, 견실한 인간이 창조되며, 대일에 답해가는 활동이 되어 간다.

이상의 사바라밀의 제존은 대일의 덕을 받은 사불, 즉 아축, 보생, 아미타, 불공성취의 사불의 활동을 도와서 배가시키려고 하는 것이다. 사바라밀의 각존은 각각 한편의 손에 촉지, 여원, 보인, 여원인의 위에 갈마저를 나타내고, 그것은 그대로 아축등의 사불의 세계를 실현해 가는 것을 그 원으로 하고 있다. 그리고 다른 한편의 손에는 금강권, 보주, 연꽃위의 경전, 개연화위의 보주를 나타내고 있다. 이것은 사불이 나타내는 이상을 한층 발전시켜서 사람들에게 금강의 견실한 마음을 심고, 인간본성의 주옥에 눈을 떠서 탁세에서 살아 가는 바른 지를 주어 원만한 인격을 육성시켜서 대일의 세계에 끌어 들이려고 하는 것을 나타내고 있다.

2) 팔공양보살

여기에 대해서 대일여래는 제1중의 우(隅)에 희(嬉), 만, 가(歌), 무(舞)의 내의 사공양보살을 출현시켜 사불을 공양한다. 여기에 대해서 사불은 그 위의 제2중의 우(隅)에 향(香), 화(花), 등(燈), 도향(塗香)의 외의 사공양보살을 나타내서 대일여래의 공양에 보답한다. 이상과 같이 대일여래와 사불사이에 이루어지는 상호공양존은 거기에 적절한 여존의 모습을 취하고 있다. 이상의 과정을 거처 대일여래는 만다라의 사문(四門)에 구(鉤), 색(索), 쇄(鎖), 령(鈴)의 사섭(四攝)보살을 나타내서 만다라전체를 수호하도록 한다.

먼저 내의 사공양은 각각 금강이란 명칭을 가진 희, 만, 가, 무의 4여존보살이다.

중국 법문사 사리함 금강희희보살

(1) 금강희희보살

희녀는 양손의 권을 무릎위에 놓고, 아축여래에 대해서 보리심의 활동을 찬탄하는 자세로 공양하고 있다.

중국 법문사 사리함 금강만보살

(2) 금강만보살

만녀는 실로 연결한 꽃으로 만든 화환인 만을 양손으로 들어 올리며, 보생여래가 각자의 중생속에 숨겨진 보를 찾아 내는 특성을 찬탄해서 공양한다.

중국 법문사 사리함 금강가보살

(3) 금강가보살

가녀는 악기를 가지고 연주하며, 무량광여래가 연화를 펼쳐 중생의 청정한 보리심을 개발하는 덕을 찬탄, 공양한다.

중국 법문사 사리함 금강무보살

(4) 금강무보살

무녀는 양손을 들어 춤추는 자세를 취하며 불공성취여래의 활동성을 찬탄, 공양한다. 외의 사공양보살은 각각 금강이라는 이름을 가진 향, 화, 등, 도향의 4여존이다.

중국 법문사 사리함 금강분향보살

(5) 금강분향보살

향녀는 향로를 가지고 향을 피워서 공양한다.

중국 법문사 사리함 금강화보살

(6) 금강화보살

화녀는 꽃을 들어 아름다운 꽃을 가지고 공양한다.

중국 법문사 사리함 금강등보살

(7) 금강등보살

등녀는 등명을 가지고 불빛으로 공양한다.

중국 법문사 사리함 금강도향보살

(8) 금강도향보살

도향녀는 손이나 신체에 칠해서 몸을 청정히 하는 도향을 넣은 법라(法螺)를 들어 정화의 공덕을 가지고 제여래를 공양한다. 이들 사금강녀, 내외의 공양보살녀는 각각 사불의 색과 같은 색을 취하는 것이 원칙이다.

이상 내의 사공양, 외의 사공양은 인도 고래로부터 존재하고 있던 전통적인 공양법을 내와 외의 4종으로 정비한 것이다. 금강계만다라가 성립되면서 이와 같은 전통적인 공양방법을 그대로 여존화, 만다라에 도입, 대일여래와 사불사이에 이루어지는 공양사상을 표현하려고 했던 것이다.

3) 사섭보살

대일여래와 사불사이에 이루어지는 상호공양에 의해서 금강계의 장엄은 점점 늘어 나고, 그 사상적인 의미도 깊어 진다. 대일여래는 외의 공양보살을 출생시켜 공양한 사불에게 보답하고, 만다라의 4문에 4인의 문지기를 출현시킨다. 그것을 사섭보살이라고 한다. 각각 금강이라는 이름아래 구, 색, 쇄, 령이라고 불리는 보살이다.

중국 법문사 사리함 금강구보살

(1) 금강구보살

구보살은 오른손으로 도끼가 붙은 구(鉤)를 가지고 있다. 신색은 백색이다. 이 보살은 구를 가지고 사람들을 불도로 끌어 들인다.

중국 법문사 사리함 금강색보살

(2) 금강색보살

색보살은 견색즉 밧줄을 가지고 사람들을 묶어 불도에 마음을 향하도록 한다. 신색은 황색이다.

중국 법문사 사리함 금강쇄보살

(3) 금강쇄보살

쇄보살은 열쇄를 가지고 사람들을 불도에 매어 둔다. 신색은 적색이다.

중국 법문사 사리함 금강령보살

(4) 금강령보살

령보살은 령을 가지고 매어 둔 사람들의 마음 불어 일으켜 깨달음의 세계로 향하도록 한다. 신색은 잡색이다.

구, 색, 쇄, 령은 원래 인도의 고대인이 동물이나 야수를 잡아 길들이는 순서였다. 그것을 불도로 중생을 끌어 들여서 보리심을 일깨우고, 깨달음에 이르도록 하는 방법으로 응용했던 것이다. 섭보살은 만다라의 4문에서 외부에 있는 중생을 불교화시키는 역할을 담당하고 있다. 그렇지만 본래는 만다라를 구성하는 성곽의 수호신 역할을 하였다. 4문을 지키는 것은 원래 4천왕이 맡고 있었는데 금강계만다라에서 4섭보살로 바뀌어 수호와 동시에 중생을 만다라에 끌어 들이는 역할도 담당하게 되었다고 생각된다.

7. 현겁의 제존

금강계만다라의 제2중에는 외의 사공양과 사섭보살 외에 천불이 도화되어 있다. 이것을 현겁의 천불이라고 한다. 과거, 현재, 미래의 3겁에 각각 천의 불이 있다는 신앙이 있는데 금강계만다라에 도화되어 있는 것은 현재의 겁, 즉 현겁의 천불이다.

Ⅳ

한국밀교와 만다라의 세계

Ⅳ. 한국밀교와 만다라의 세계

1. 한국밀교의 전개

1) 한국밀교의 특성

우리나라의 밀교는 법맥의 상승에 초점을 맞추어 서술하는 것보다 시대별 구분에 의한 정리를 하면서 그 특성을 밝히는 편이 쉬우리라 생각한다.

즉 전래초기부터 현재에 이르기 까지 이어지고 있는 구복적 차원의 밀교를 한 부분으로 정리할 수 있다. 다른 한편으로는 인도의 법맥을 상승했던 통일신라시대 구법승에 의한 밀교로부터 고려시대의 기도도량, 조선시대 단편적으로 전해지는 진언도차제의 수행법등을 하나의 양상으로 정리할 수 있다.

나아가서 티베트적인 요소를 띤 육자진언신앙에 밀교의 교리가 가미된 내용을 신앙사와 문화사적 측면에서 정리할 수 있다.

따라서 우리나라의 밀교를 특성별로 구분하면 대략 다음과 같은 네 가지 유형으로 정리할 수 있다.

(1) 자생구복밀교(自生求福密敎) – 삼국시대

이것은 우리나라에 처음으로 불교가 전래된 이후, 근세에 이르기 까지 사원의 의식이나 민간사이에서 유통되고 있는 현세이익적인 신앙형태를 말한다. 경전의 독송공덕, 다라니의 지송공덕, 尊像造成에 의한 공덕성취등이 여기에 포함된다. 여기서는 심오한 경전의 교리를 학습하고, 그것을 성불의 단계로 이끌기 위한 수행법보다는 지극히 소박한 개인의 소원성취나 국가적 안위를 목적으로 한다. 이런 형태의 밀교는 신라시대의 밀본, 혜통 등에 의한 치병과 제재초복법, 명랑의 문두루법과 고려시대의 구복적 양상을 띤 기원법회및 경전의 서사, 대장경의 편찬, 조선시대의 불상조성과 복을 기원하는 의궤서의 편찬, 복장유물 안치등의 양상으로 나타났다. 최근 까지도 이러한 양상들은 면면히 계승되고 있으며, 그렇다할 밀교적 수행법이나 문화를 전승하지 못하고 있는 오늘날 우리나라 불교계에서는 이런 부분들에 대해서 밀교적 요소로써 강조되고 있다.

(2) 구법상승밀교(求法相承密敎) – 통일신라시대

이것은 당나라에 유학한 승려들이『대일경』이나『금강정경』과 같은 인도의 법맥상승 밀교경전을 습득하면서부터 시작된다. 이 시대에는 신라에서 현초, 불가사의, 의림등이 당나라로 구법의 여정을 떠나서 인도로부터 들어 와 당나라의 수도 장안에 머물고 있던 선무외삼장으로부터『대일경』을 중심으로 한 밀교의 교리를 학습하고, 그 수행법을 전수받았다. 그리고 혜초는 금강지삼장과 불공삼장의 제자가 되어『금강정경』의 교리를 수학하고, 그 행법을 전수받은 후, 인도로 구법여행을 떠났다. 그는 구법여행을 떠나기 전, 불공삼장으로부터 밀교의 전형적 의식인 전법관정을 받았으며, 산스크리트에도 능통하여『천발경(千鉢經)』을 번역하고 서문을 쓰기도 했다.

그들이 인도의 스승들로부터 전수 받은『대일경』과『금강정경』의 가르침은 인도에서 7세기 중반부터 8세기 초에 유행하던 교리와 수행에 대한 전반적인 내용을 담은 경전들로 사자상승의 전통을 계승하고 있다. 이것은 훗날 신라 현초아사리의 제자인 당나라의 혜과화상이 전수받고, 이어서 신라의 혜일과 오진이 전승한 것으로 되어 있다. 그러나 신라 밀교승들의 경우는 그 행적이 묘연하며, 그 법맥의 전승여부도 단편적인 사실밖에는 전해지지 않는다. 다만 조선시대 간행된『진언집』,『비밀교』등을 통하여『대일경』이나『금강정경』의 교법이 전승되고 있음을 알 수 있을 뿐이다.

(3) 기도도량밀교(祈禱道場密教) – 고려시대

고려시의 밀교종파로는 신인종과 총지종을 들 수 있다. 이들의 활동상에 대해서는 정확한 내용이 전해지지 않지만 아마도 신라시대이래 활동을 보이기 시작한 명랑과 밀본의 후예들에 의해서 성립되었다고 생각된다. 즉 명랑의 후예들인 광학과 대연, 그리고 안혜와 랑융등은 태조의 창업에 참여한 인물들로 국가적인 지원을 받으며 활동하였다고 생각된다. 그리고 밀본의 후예들에 대한 기록은 역사자료에서 그 이름을 찾아 볼 수 없으나 총지사라는 사원을 창건에 비추어 볼 때, 진언다라니를 통한 주력을 중시한 종파가 존재하고 있었음에는 틀림이 없다. 이와 같이 밀교종파가 고려시대에 들어 성립됨으로써 내용적인 측면에서 종파적 교학내지 의식체계가 확립되어 있음은 부인할 수 없다. 여기서 이 두 종파 중에서 어느 종파의 수법이라고 지칭할 수는 없지만 고려시대 전반에 걸쳐서 가장 널리 개설된 수법도량들을 통하여 당시의 밀교적 도량개설의 의미를 되새겨 볼 수 있을 것이다.

먼저 고려시대에 개설된 수 많은 도량들을 그 성격에 따라서 분류해 보면 밀교의 4종수법으로 나누어 볼 수 있다. 원래 밀교의 4종수법은 현세이익적인 측면이 강한 세간성취방법론이라고 할 수 있다. 밀교에서는 출세간적인 성취, 다시 말해서 불보살격을 완성하는 방법론의 제시에 대해서 식재, 증익, 경애, 항복등의 세간적인 이익을 위해서 행하는 수법을 세간성취법이라고 한다.

고려시대에는 출세긴적인 성취방법에 대한 기록은 찾아 보기 힘들고, 외형적으로 드러난 세간성취법만이 역사서에 실려 있을 뿐이다. 여기서 고려시대에 개설된 4종수법도량에 대해서 간략하게 정리해 보기로 한다.

(1) 식재도량

식재법의 대표적인 도량으로 소재, 불정, 약사도량등을 들 수있다. 이 도량들은 재앙을 잠재워서 국가와 민중의 안녕을 기원하는데 그 목적이 있었다.

먼저 앞에서 언급한 항복도량이 실재로 나타난 현상적인 사건들을 극복하기 위해서 개설되었다면 소재도량은 불길한 징후를 소멸시켜 앞으로 닥쳐올 어려움을 미연에 예방할 목적으로 개설되었다.

또한 불정도량은 육도중생의 구제를 목적으로 개설된 도량이며, 10개의 단으로 구성된 이 도량에서는 각 단마다 고해에서 허덕이는 중생들을 구경열반의 경지로 이끄는 것을 목표로 하고 있다. 특히 이 행법중에서 관정단이나 금강신성취단등은 지극히 밀교적인 내용을 담고 있다.

다음으로 식재도량중에서 역사적으로 가장 오래된 것으로 여겨지는 약사도량은 신라시대 밀본법사의 도량개설을 그 시원으로 볼 수 있다. 이 도량은 약사여래의 가피로 중생들의 병고를 해탈시키고, 무명으로부터 유래한 병고의 근원을 찾아 고치는데 그 목적이 있었다.

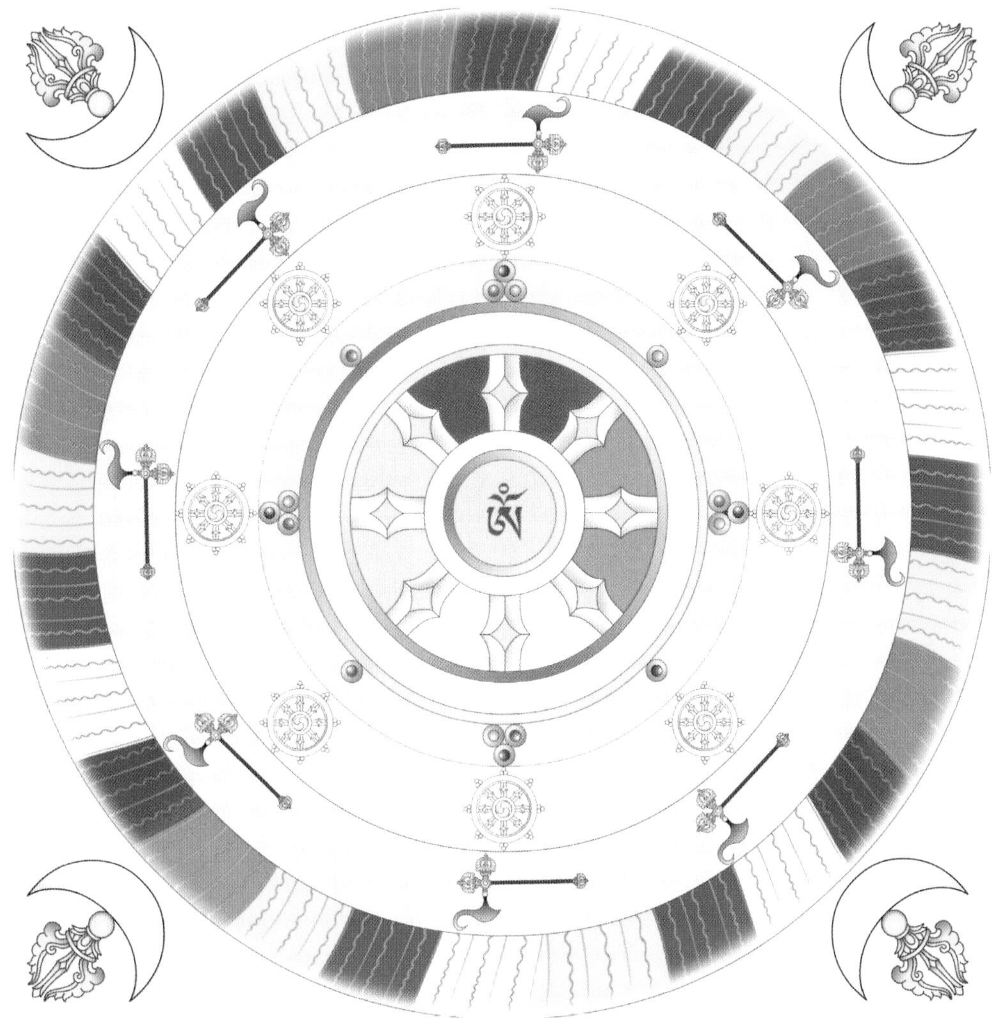

식재만다라

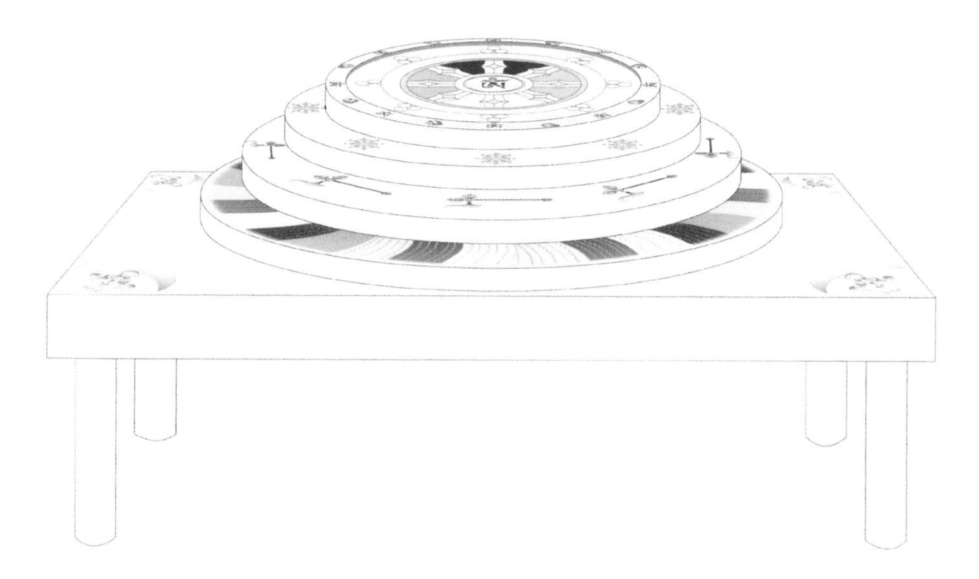

식재호마단

(2) 증익도량

증익도량은 내용상으로 식재도량의 성격을 한층 강화한 것으로 두 도량사이에는 내용상 큰 차이가 없다. 이 행법에 속하는 것으로는 관정, 연명도량등이 있다. 먼저 관정도량은 부처님과 결연을 맺음으로써 불의 가피를 입어 행법자 자신이 불작불행을 행할 수 있다는 확신을 가질 수있게 하기 위해서 개설되었다. 우리나라에서 이 도량의 기원은 통일신라시대 진표가 영심에게 내린 관정의식에서 찾을 수있다. 그 후, 관정도량은 왕위계승시에도 개설되어 원종과 충선왕은 관정의식에 따라서 왕위를 계승함으로써 부처님의 가피를 입으려하기도 했다.

그리고 연명도량은 수명의 연장을 목적으로 개설되었다. 이 도량은 건강한 사람이나 병든 사람들에게 모두 해당하는 것으로 도교의 영향을 강하게 받은 고려의 증익법이다. 이 도량의 흔적은 오늘날 칠성각의 칠성신앙에서 찾을 수 있다.

이상과 같이 고려시대에는 신인종과 총지종의 주도하에 4종수법도량이 개설되었다. 그리고 그들 도량들은 대부분 밀교경전에서 설하는 행법의 내용을 답습하였고, 경우에 따라서는 경궤의 내용들을 응용하여 새로운 성격의 도량을 창출해 내기도 했다. 하여튼 고려시대에 두드러지게 나타난 도량개설은 밀교경전의 4종수법의 범주내에서 생각할 수 있다.

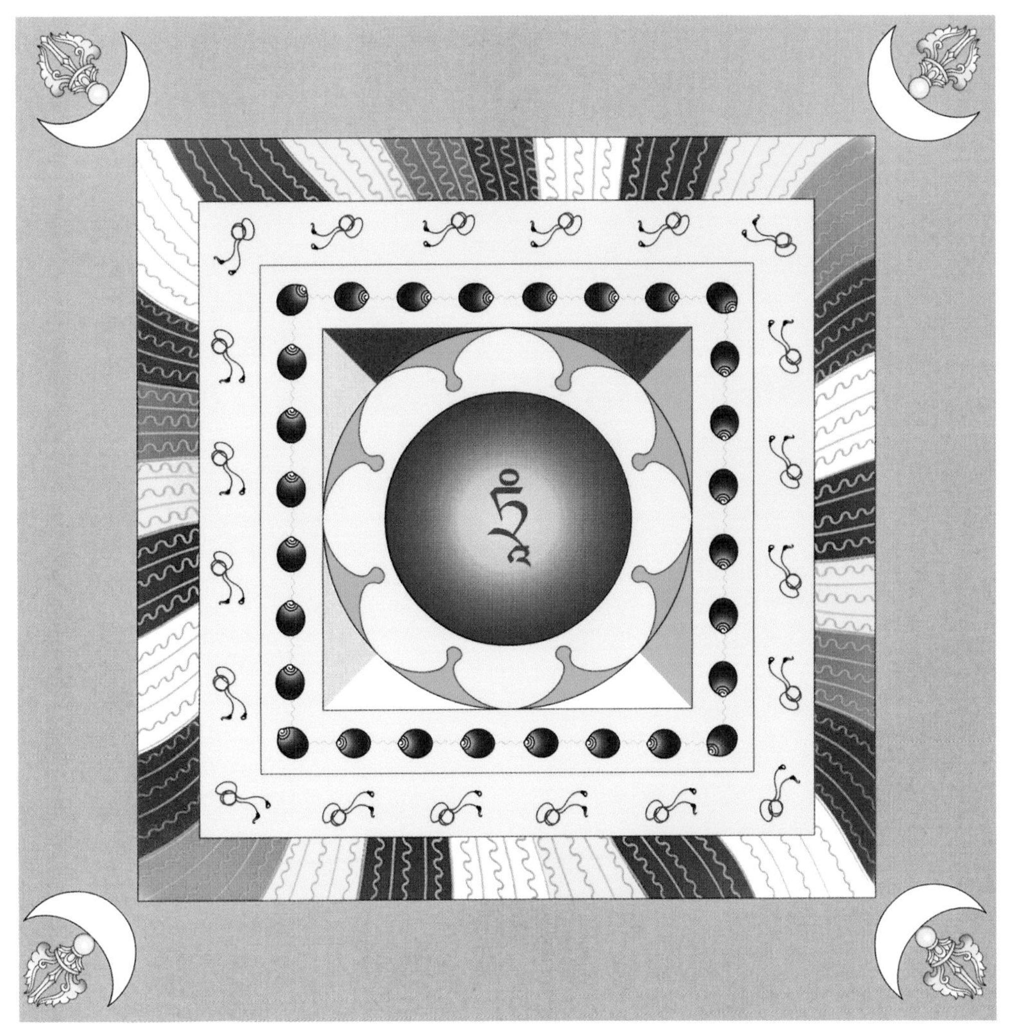

증익만다라

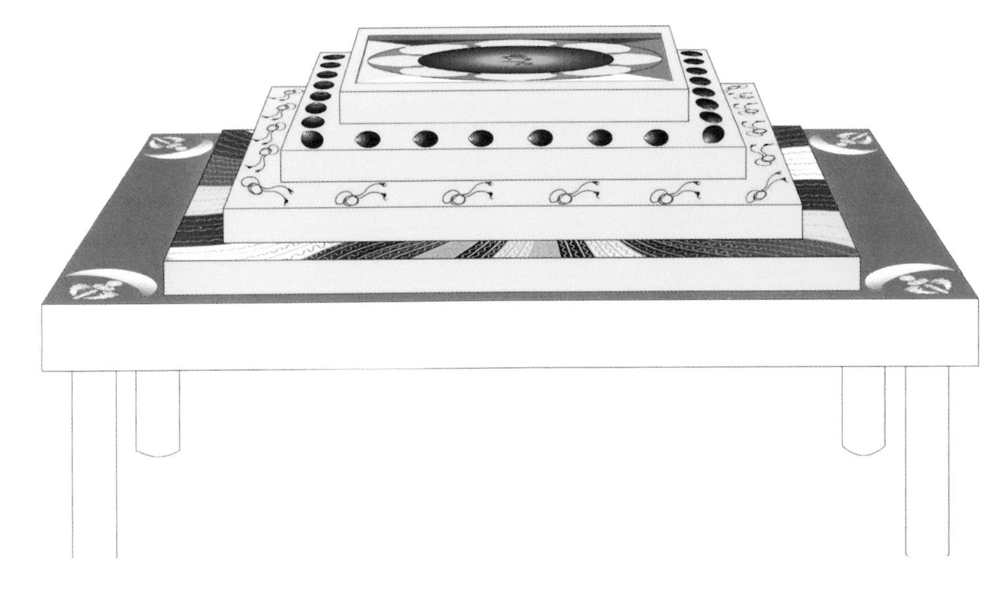

증익호마단

(3) 경애도량

고려시대 도량가운데 경애법에 해당하는 것으로 기상영복도량과 기신도량을 들 수 있다. 이 두 도량은 당시 왕위를 계승하고 있는 자와 역대 왕위를 계승해 온 자들을 위해서 베풀어진 행법이다. 이 도량은 왕실의 안녕을 기원하고, 만민으로부터 경애심을 불러 일으키기 위해서 개설되었다.

먼저 기상영복도량은 왕의 생일에 국왕의 만수무강과 국가의 안녕을 기원하는 법회의 형식을 취하고 있었다. 따라서 경애법의 범주에 들어 가면서도 일종의 국가가 주관하는 경축행사적 성격을 띤 것이었다고 할 수 있다. 오늘날 이 행법은 전해지고 있지 않지만 조선시대에는 축수도량이라는 명칭으로 계속 전승되고 있었다.

한편 기신도량은 기상영복도량과는 달리 세상을 떠난 역대왕들의 기일을 맞이하여 재를 올리는 의식으로 왕통의 계승을 정당화하고, 그 기반을 다지는데 활용되었다.

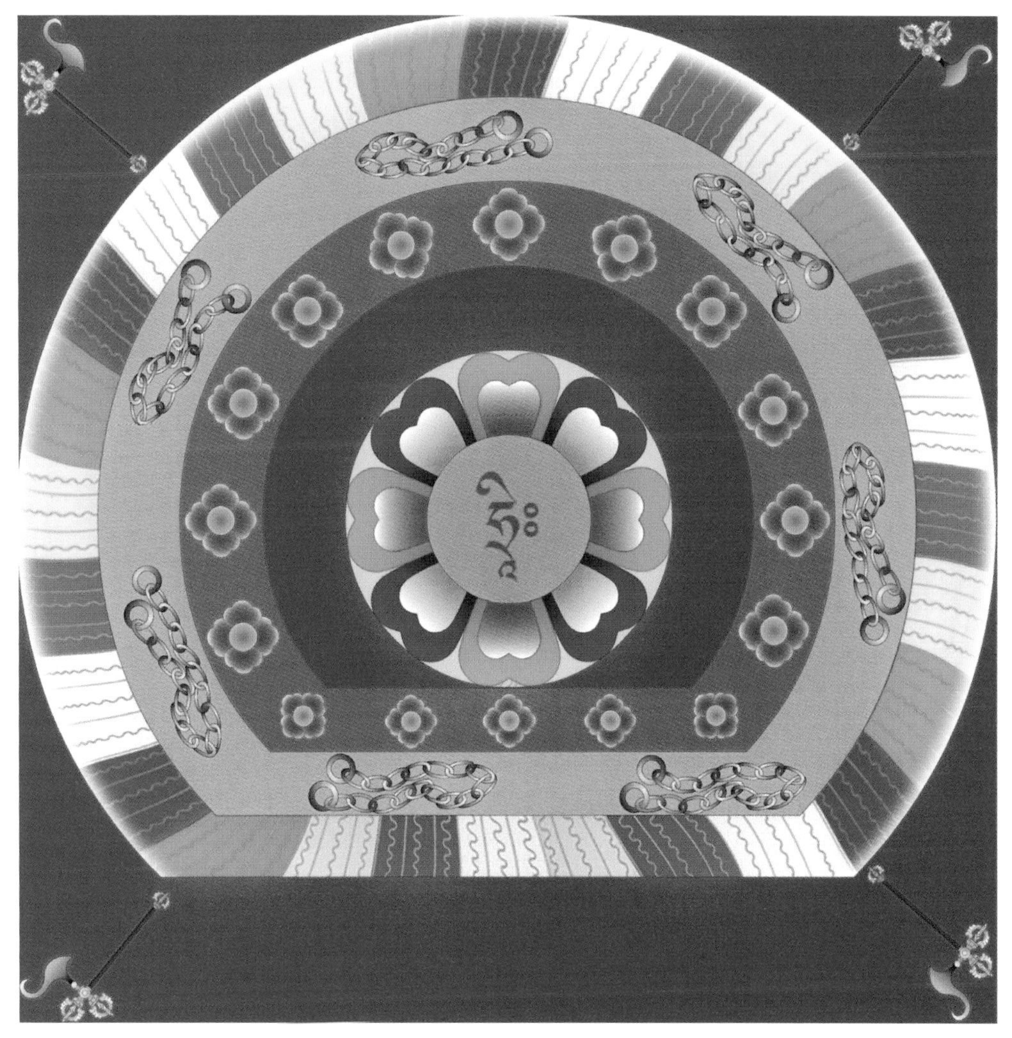

경애만다라

경애호마단

(4) 항복도량

고려시대 항복도량에 속하는 대표적인 행법으로 문두루, 사천왕, 무능승, 진병도량을 들 수 있다. 이들 도량은 군사적인 목적에 따라서 외적을 퇴치하고, 아군의 사기를 앙양시키기 위해서 개설되었다. 고려시대 국난이 있을 때마다 개설된 이 항복도량은 건국초기부터 군사적인 시련을 극복하는데 지대한 공헌을 했다. 먼저 문두루도량은 고려초 해적을 퇴치하기 위한 목적으로 개설되었으나 후대에 들어서는 육상으로부터 침입하는 거란족이나 몽골군을 제압하기 위한 행법으로 전용되었다.

이와 같이 해적퇴치를 주로 하던 문두루도량은 다시 사천왕도량이라는 새로운 형태의 행법으로 분화되었다. 이 도량은 문두루도량중에서 사천왕단을 독립시켜 행법체계를 수립하고, 육상의 적들을 퇴치하는 것을 행법의 주된 목적으로 삼았다. 나아가서 이 도량은 여진족이 침입하였을 때 주존인 사천왕대신에 제석천을 본존으로 하는 행법으로 전개되면서 제석신앙과 밀접한 관계를 가지게 되었다.

한편 외치에 중점을 둔 문두루도량이나 사천왕도량과는 달리 내치에 주안점을 둔 항복도량도 개설되었다. 그 대표적인 도량으로 무능승도량과 진병도량을 들 수 있다. 여기서 무능승도량은 군대의 군기를 확립하기 위한 목적이나 전투에서 승리를 기원하기 위한 목적으로 개설되었고, 진병도량은 전란을 방지하기 위한 목적으로 개설되었다.

항복만다라

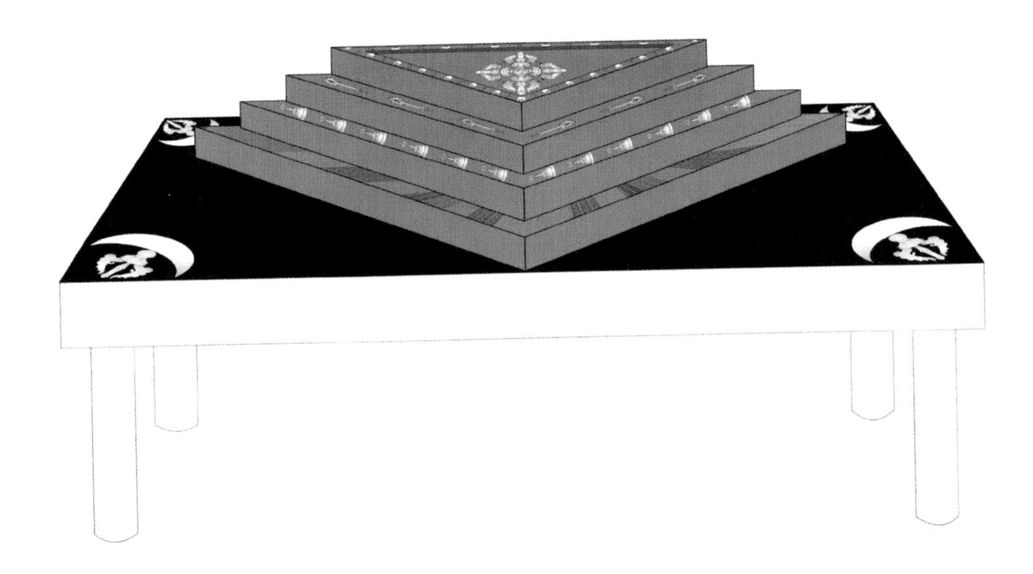

항복호마단

(4) 전래진언밀교(傳來眞言密敎) - 조선시대

이것은 몽골이 고려를 침략한 이후부터 활발히 나타난다. 그간 우리나라에는 중국으로부터 관음신앙이 전파되어 각지에 관음도량이 설치되고, 민간들의 사랑을 받으며, 널리 그 뿌리를 내리고 있다. 그런데 동북아시아권에 전해진 관음신앙은 대개 두 부류로 나눌 수 있다. 하나는 중국으로부터 전파되어 관음의 명호를 독송하는 방식이며, 또 하나는 티베트로부터 몽골을 거처서 우리나라에 전파된 관세음보살본심미묘진언인 옴마니반메훔 육자진언을 독송하는 방식이다. 여기서 우리들의 관심을 집중시키는 것은 훗날 이 육자진언이 관세음보살의 진언으로써가 아니라 존격화된 육자대명왕진언으로써 불교의 다양한 교리와 수행법을 포용하고 있다는 점이다. 육자진언에 팔만사천법문이 함장되어 있다는 믿음은 티베트에서 찬술된 『마니칸붐』으로부터 시작되었다. 이 찬술집에 의하면 육자진언은 대승의 모든 법문과 밀교의 제불보살의 공덕을 함장하고 있다고 설한다. 특히 『대일경』의 공성체득(空性體得)과 『금강정경』의 오불묘행성취(五佛妙行成就) 등이 육자진언수행에 수용되어 밀교적인 양상을 띠고 있다. 우리나라에서도 금강계만다라와 육자진언간의 관련성을 보여 주는 유물이 현존하고 있다. 또한 『대일경』의 오륜종자와 육자진언간의 관련성을 담은 유적도 발견되었다. 한편 이와 같은 『마니칸붐』의 가르침은 우리나라에 수용되어 『육자구수선정』이라는 육자진언 의궤집으로 편찬되면서 육자진언과 오불간의 관련성이 확립되고, 수행법이 정형화되었다. 이것은 훗날 조선시대를 거처 최근에 까지 그 맥을 이어 가고 있다. 특히 육자진언신앙과 그 속에 담긴 밀교적 요소를 교리화한 밀교진각종이 출현하여 한국적 특색을 띤 독특한 양상의 밀교를 전개해 가고 있다.

2. 금강계만다라와 육자진언

1) 금강계와 육자진언의 습합

금강계 육자진언은 옴마니반메훔 여섯자에 금강의 법계를 구현하려는 다양한 의미가 부여됨으로써 성립하게 되었다. 그것은 밀교와 관련된 새로운 형태의 진언신앙으로 우리나라에서는 고려시대에 이르러 유포된 것으로 여겨진다. 본래 관세음보살의 본심미묘진언으로써 육자진언은 밀교적 요소가 가미된 금강계 육자진언보다 훨씬 앞선 시대에 성립되었으며, 그 진언 자체만가지고 밀교와의 관련성을 결부짓는데에는 무리가 있다. 관세음보살의 본심미묘진언은 오로지 수 많은 불보살의 진언가운데 하나이며, 관세음보살의 진언명호일 뿐이다.

그런데 육자진언의 발생연원을 밝히는『마니칸붐』에 의하면 포타라궁전에는 온 세상에 울려퍼지는 육자금강의 소리가 가득차 있고, 금강과도 같은 법계의 지혜로 충만해 있으며, 그 곳 일월연화좌에 머무는 육자존은 헤아릴 수 없이 많은 보살들에 둘러싸인 가운데 중생계를 구원하기 위하여 가지를 베풀고 계신다고 전한다. 또한 그 곳은 오불의 다섯 지혜가 오색의 광채로 빛나며, 모든 부처님과 보살님의 방편과 지혜가 하나되어 머무는 곳이라고 설한다. 여기서 우리들은 육자진언이 단순히 관세음보살의 본심미묘진언이 아니라 밀교와 깊은 관련을 가진 금강계 육지진언으로 전개되고 있음을 알 수 있다. 즉 육자존의 주처인 포타라궁전은 금강법계를 의미하며, 그 금강법계는 밀교경전에서 교리의 근간을 이루는 다섯가지 지혜와 방편이 가득찬 곳으로 묘사되고 있는 것이다.

나아가서 마니칸붐에서는 진언명호 옴마니반메훔에 다양한 공능을 부여하여 육자진언을 단순한 일존의 진언이 아니라 모든 진리를 포섭하는 포괄적 의미로 보고 있다. 즉 옴마니반메훔 여섯자를 반야의 모체이자 보배구슬에 비유하여 거기에서 지칠줄 모르고 나오는 광채는 지혜를 일으키는 원동력이 되고, 온 세상이 옴마니반메훔 진언으로 가득찼을 때 법계평등의 자재와 대비로 충만하게 될 것이라고 설한다.

나아가서 옴마니반메훔을 염송하면 과거부처님께서 법계를 관조하시고, 현세부처님께서 중생을 이롭게 하시며, 미래부처님께서 일체중생의 이익을 호념하시기 때문에 삼세천불의 상서로움이 온 세상에 깃든다고 주장한다.

이와 같은 내용은 훗날 몽골과 고려에도 영향을 미쳐서 독특한 양상의 육자진언신앙을 싹트게 했다. 그래서 이들 지역에서는 육자진언을 독송할 때, 그 진언독송의 이면에는 무량한 금강계오불의 가지력을 성취하기 위한 기원이 담겨 있다. 또한 건축물이나 법구의 장식에 육자진언을 채용하여 금강법계의 표현 방식으로 활용하기도 했다.

2) 육자금강세계의 구현

인도에서 성립된 금강계 육자진언신앙은 티베트를 거쳐서 몽골에 들어 가고, 그것은 다시 고려에 이르러 교리적으로 체계화되었고, 다양한 종류의 신앙형태로 구현되었다. 먼저 육자진언신앙이 몽골전역에 유포된 것은 13세기 초 몽골이 징기스칸에 의해서 통일된 이후의 일이다.

그 때는 우리나라의 고려시대에 해당하는 시기로 티베트불교가 몽골에 전파된 때이기도 하다. 몽골에 전파된 티베트불교는 민간신앙의 주류를 이루던 구복신앙을 바탕으로 육자진언의 유포를 한층 가속화 시켰다. 특히 육자진언에 담겨 있는 진언의 독송공덕은 몽골인들의 신앙생활에 활력을 불어 넣었다. 그들이 아시아대륙을 석권하고, 유럽까지 진출할 수 있었던 불굴의 의지도 이와 같은 신앙심에서 나온 것이라고 할 수 있다. 그 중에서도 육자진언신앙은 굳건한 신앙심의 원동력이 되어 주었다. 그래서 몽골이 지배한 지역들에서는 육자진언신앙이 널리 유포되었고, 일본과 같이 몽골의 지배력이 미치지 않은 지역에서는 예나 지금이나 육자진언신앙의 족적을 찾아 보기 힘들다. 몽골에서 육자진언신앙은 일반 불교도들에게 고도의 교리나 수행체계를 요구하지 않는다. 그저 전념하여 일상속에서 염송하는 것만으로도 공덕이 일어나고, 삶의 의지처가 될 수 있는 것이다.

현재에도 몽골에는 금강계 육자진언에 관한 많은 유적과 유물들이 남아 있다. 어느 사찰을 가든 건축물의 장식에는 육자진언이 새겨져 있다. 그것은 대부분 건축물의 안에 들어 가는 입구나 단상에 놓인 법구류들에서 발견된다. 그 중에서 카라코룸의 엘텐죠사원의 건축물에서는 육자진언과 금강십자갈마저와 보주가 어우져 있는 모습을 발견할 수 있다.

그 곳은 삼세의 부처님과 관세음보살, 조사들이 모셔져 있는데, 사원건축물의 둘레에는 육자진언과 금강보살진언, 조사진언이 연이어 쓰여 있고, 지붕은 금강십자갈마저와 보주, 천장은 다양한 종류의 금강계 만다라로 장식되어 있다. 이와 같은 사원의 외형적인 모습은 육자진언을 통하여 금강법계을 이루려 했던 당시 사람들의 신앙심이 표출된 것이라고 할 수 있다.

한편 고려의 육자진언신앙은 주변 지역에서 전개된 신앙형태를 답습하면서도 또 다른 양상을 나타냈다. 특히 우리나라의 육자진언신앙은 티베트 몽골불교와 무관하지 않지만 육자진언과 밀교경전의 교리를

운주사 숫막새기와

선원사 암막새기와

조합하여 신앙대상화하고, 수행체계화했다는 점에서 그들과의 차별성을 발견할 수 있다.

현존하고 있는 역사적 자료로는 오대산 월정사에서 전승되고 있는 금강계만다라를 들 수 있는데,

만다라의 외곽원에는 육자진언이 쓰여 있다. 이것은 금강계만다라와 육자진언의 관계를 말해주는 것으로 육자진언의 독송공덕을 통하여 금강계를 구현하려 했던 당시의 신앙형태를 나타내는 것이다. 그리고 고려말에 성립된 것으로 여겨지는 육자구수선정에는 육자진언의 공덕을 설하는 가운데, 이 진언을 전심으로 독송하면 육도의 윤회로부터 벗어 날 수 있을 뿐만이 아니라 금강계 오불의 국토에 태어난다는 내용이 담겨있다. 이것 또한 육자진언과 밀교경전과의 관련성을 부인할 수 없는 중요한 전거이다. 나아가서 고려시대에는 이러한 금강계 육자진언신앙을 바탕으로 마니콜이 제작되기도 하였다.

흔히 윤장대로 불리는 마니콜은 원래 티베트 특유의 법구로써 표면에는 육자진언인 옴마니파드메훔을 새기고, 내부에는 삼밀진언과 조사의 진언을 새겨 넣는다. 이것은 단순히 하나의 법구에 지나지 않지만 내용적으로 보면 육자진언과 밀교가 결합된 하나의 신앙형태에서 나온 것이다. 고려시대에도 이러한 법구가 제작되어 명종20년 예천 용문사의 대장전에 안치되었다.

3) 금강계종자만다라도

(1) 종자만다라의 구조

우리나라에서 조성된 종자만다라는 조성목적이 복장(腹藏)에 의한 공덕성취용으로 되어 있기 때문에 기본구조 이외에는 경궤소설의 만다라와는 큰 차이가 있다. 즉 기본구조는 삼십칠존을 중심으로 한 금강계종자만다라(金剛界種子曼荼羅)이면서도 항상 그 만다라의 주위에는 발원자의 염원을 담은 진언종자들을 새겨 넣고 있는 것이다. 오대산 상원사의 복장만다라(腹藏曼荼羅)의 경우도 경궤소설의 만다라로부터 변형된 독특한 구조를 하고 있다.

먼저 만다라의 중심에는 다섯 개의 종자가 쓰여져 있다. 이것은 비로자나불과 사바라밀보살을 나타내며, 그 상하좌우의 네개 원속에 있는 다섯 개씩의 종자를 써 넣어 사불과 십육대보살을 나타내고 있다. 그리고 그 사이에는 네 개의 큰 글씨로 사섭보살을 나타내는 종자를 써 넣었다. 그 바깥쪽에는 팔엽연화를 그려서 불의 자비를 나타냈고, 그 사이에는 여덟개의 문자로 팔공양보살을 나타내는 종자가 쓰여 있다. 이것은 틀림 없는 금강계종자만다라(金剛界種子曼荼羅)이다.

세조어의 종자만다라도

황소폭자

그러나 이 종자만다라의 둘레에는 금강계대일여래의 진언과 육자진언, 그리고 일체여래심비밀전신사리보협인다라니가 쓰여있다. 이 다라니는 불사리를 봉안한 탑을 공양해서 얻을 수 있는 공덕에 뒤지지 않는 위신력(威神力)이 있는 것으로 여겨져 왔다. 그래서 후대에는 탑을 세운 뒤 거기에 보협인다라니를 조각해서 보협인탑이라 부를 정도였으며, 이 탑에 공양하는 것은 눈앞에 계신 불보살에게 봉사하는 것과 같은 가치가 있다고 믿게 되었던 것이다.

따라서 상원사 금강계만다라의 본체 외곽부분에 쓰어 있는 이 다라니도 이와 같은 의도로 수용되었으며, 거기에 육자진언과 금강계대일여래의 진언이 부가된 것은 오대산신앙과 고려시대 진언다라니신앙의 특성이 반영된 것이라고 볼 수 있다.

이와 같은 고려시대의 종자만다라복장의 공덕성취신앙은 조선시대에도 전승되었다. 그 중에서 대표적인 것으로 신미의 오륜종자진언만다라와 기림사의 종자만도라를 들 수 있다. 여기서 기림사의 만다라는 상원사의 복장만다라와 기본적인 구조에서 별다른 차이가 없으나 신미(信眉)의 만다라는 상원사의 만다라와는 달리 오방에 오불의 종자와 오륜의 상징으로 표현하고 있다.

즉 상원사의 것은 금강계만다라의 형식을 갖춘 법만다라(法曼荼羅)의 종자로 구성된 삼십칠존에 외원(外院)을 일체여래심비밀전신사리보협인다라니로 둘러 싸고, 그것을 삼종실지진언과 육자진언이 쓰인 황소폭자(黃綃幅子)로 싼 형태이다. 이에 반하여 신미의 만다라는 전통적 복장진언의 양식을 갖춘 오대륜(五大輪)과 오불종자진언을 중심으로하여 비밀실지진언과 일체여래심비밀전신사리보협인다라니로 이루어져 있다.

한편 기림사의 만다라는 진언의궤집의 일부분으로써 만다라를 삽입하고 있다는 것이다. 이것들은 고려시대를 거처서 조선시대에 이르기 까지 전승되면서 금강계종자만다라의 이형들이 나타났다는 것을 보여주는 것이다. 아울러 그 활용방법에서도 복장용뿐만이 아니라 의식용과 같은 다른 용도로 활용되었던 것을 복장유물로 봉안했을 가능성을 보여주는 것이다.

이상에서와 같이 우리나라에 현존하고 있는 만다라들은 그 종류도 단순하고, 표현방식도 획일적인 것들이다. 그러나 거기에는 나름대로의 특성을 가지고 있다. 상원사의 것은 국왕의 안녕을 기원하기 위해서 복장에 봉안한 것으로 지극히 밀교적인 성격이 강한 반면 신미의 만다라는 사대부집 부인의 발원에 의해서 조성된 것으로 삼십칠존만다라와는 전혀 다른 모습을 보여주고 있다. 나아가서 기림사의 것은 본래 의식용으로 활용되었을 가능성이 높은 만다라이다.

여기서 우리들은 종자만다라에 국한된 것이기는 하지만 그 활용목적이나 표현방식에서 차이점을 보이고 있는 우리나라 만다라의 특성을 발견하게 된다.

(2) 종자만다라의 조성목적

우리나라에는 밀교와 관련된 유물이나 전적들이 다수 현존하고 있으나 실재로 밀교의 수법에 활용된 것으로 단정지을 수 있는 것들을 발견하기는 어렵다. 현재 만다라의 경우도 복장에 봉안되었거나 공덕성취용으로 조성된 것 이외에는 존재하지 않고, 그 종류도 획일적이다.

그 중에서 현존하고 있는 만다라 가운데 가장 오래된 것으로는 오대산 상원사의 문수보살상 복장유물 중에서 발견된 금강계종자만다라를 들 수 있다. 이 만다라는 조선시대 세조재위년간인 1466年에 봉안된 것으로 만다라의 둘레에 시주자의 성명과 조성년대가 기록되어 있다. 그런데 그 기록에 의하면 실재로 이 만다라의 도판이 판각된 것은 고려시대 원세조29년인 1292년의 일로 되어 있다. 실재로 만다라도판의 판각과 봉안시기사이에는 174년의 차이가 발생한다.

따라서 이 만다라는 고려시대에 판각된 도판을 조선시대에 활용한 것으로 볼 수 있으며, 그것은 이 만다라도를 어딘가에 새겨 넣었을 때, 그것을 통하여 얻을 수 있는 공덕이 지대했다는 것을 말해주는 것이다. 또한 이 도판을 시대를 초월하여 조선시대 세조의 어의에 새겨 넣고, 그것을 오대산 문수보살의 복장에 봉안 한 것은 오대산을 오불신앙의 구심점으로 생각하고, 금강계만다라를 오불세계의 구현으로 받아들였기 때문일 것이다. 특히 고려시대의 도판을 그대로 활용한 것은 과거에 판각된 이 도판을 통해서 공덕성취의 효험이 나타났었다는 것을 입증해주는 것이다.따라서 당시의 복장발원자들은 선대의 것을 계승하는데 주저하지 않았으리라 생각된다.

이 만다라의 구조는 문자로된 금강계만다라를 중심으로 그 둘레에 일체여래심비밀전신사리보협인다라니(一切如來心秘密全身舍利寶篋印陀羅尼)를 비롯한 금강계 대일여래의 진언과 육자진언을 써 넣은 독특한 형태로 되어 있다. 일반적으로 수법에서는 경궤의 교설에 의거한 존상이나 종자, 그리고 삼매야형(으로된 만다라를 활용하기 때문에 이와 같은 이형의 만다라를 조성하지 않는다. 그러나 상원사 문수보살상 복장만다라의 경우, 조성목적이 복장을 통한 공덕성취에 있었기 때문에 불보살의 종자이외의 공덕성취진언들과 조성목적이 명기되었다고 생각된다. 아울러 공덕성취의 내용을 존형이나 삼매야형이 아닌 종자를 통해서 표현함으로써 정형화된 경궤소설의 수법용만다라와 차별화된 만다라의 조성이 가능했을 것이다. 이와 같이 조성목적이 공덕성취용으로 정해진 이 만다라는 토착화된 양상을 띠지 않을 수 없었다. 일반적으로 만다라는 사원에 봉안되었을 때, 불보살상의 대용이며, 수법에서는 행법용법구가 되는 것이다. 따라서 복장용만다라는 우리나라 이외지역의 밀교에서는 존재하지 않는다. 그러나 고려시대부터 만다라를 조성하고, 그것을 봉안함으로써 공덕을 쌓을 수 있다는 신앙이 있었던 것 같다. 이와 같은 현상은 밀교가 전파된 티베트나 몽골, 그리고 일본등의 주변지역에서는 그 유례를 찾아 볼 수 없는 것으로 아마도 이것은 토착화된 고려시대 불교신앙의 특성이 반영된 것이라고 생각할 수 있다.

3. 진각밀교와 만다라

1) 밀교경전과 만다라의 세계

진각종의 소의경론인『대승장엄보왕경』,『대일경』,『금강정경』,『보리심론』은 육자진언염송의 기원과 밀교적 교리체계의 근원을 밝혀주는 전거를 제공하고 있다. 그리고 소의경론에는 포함되어 있지 않지만『대승기신론』과 티베트 전승의『마니칸붐』계통의『성관자재육자구수선정』을 비롯한 육자진언관련 찬술집들도 교판확립에 직간접적으로 영향을 미치고 있다.

여기서 육자진언의 기원을 제시하는 것은『대승장엄보왕경』이고, 밀교적 교리체계의 근간을 제공하는 것은『대일경』과『금강정경』이며, 보리심의 체득방법으로 금태의 교설을 회통시킨 것은『보리심론』이다.

먼저『대승장엄보왕경』은 A.D.982년 천식재(天息災)가 번역한 한역과 A.D.800년경 지나미트라(Jinamitra)와 다나시라(Dānaśīla)와 예세데(Ye śes sde)가 공역한 티베트역이 현존하고 있다. 번역 연대상으로 보면 티베트역이 한역보다 1세기가량 앞서 있기 때문에 육자진언신앙의 선후관계는 티베트에서 먼저 시작되었다고 볼 수 있다.

하여튼『대승장엄보왕경』이 진각종의 소의경전으로 채택된 것은 교리나 행법보다는 본존인 육자대명왕진언의 기원을 밝혀 주는 최초의 경전으로 인식되었기 때문이다. 그것은『진각교전』에 설해져 있는 육자진언과 밀교의 관계, 그리고 육자진언염송의 공덕에 대한 기술등을 보면 알 수 있다. 즉『진각교전』에 인용되어 있는 경구(經句)는 대부분 티베트에서 찬술된『마니칸붐』의 약찬(略撰)이라고 할 수 있는『성관자재보살구수선정』을 비롯한 육자진언관련 찬술집들의 내용으로 되어 있다.

그리고 진각종의 교판 확립에서 밀교적 교리의 근간을 제공하고 있는 것은『대일경』이며, 그것을 체계화하는 데에는『대승기신론』의 교리가 채용되었다고 할 수 있다. 즉『대일경』에서 제공한 육대사만삼밀의 교리는『대승기신론』의 체상용의 교리를 통해서 체계화되었던 것이다. 이 교리는『진각교전』「참회」편 "육대 사만 삼밀 우주 본체인 지수화풍공식 육대를 체로 하고, 대만다라 삼매야만다라 법만다라 갈마만다라 사만을 상으로하여 신 어 의 삼밀을 용으로하여 -"를 비롯하여「교리편」의 "육대무애상유가" "네가지만다라가 각각 떠나지 아니함" "삼밀가지속질현" "삼밀은 전인적인 수행"등에 수용되어 있다. 그 중에서 앞에서 열거한「교리편」의 내용들은『대일경』의 주석서인『대일경소』로부터 강한 영향을 받고 있으며, 그 외에도『진각교전』「응용편」의 진호국가불사는 근본적으로『대일경』의 호마수법으로부터 영향을 받고 있다는 것을 잊어서는 안될 것이다.

다음으로 현존하고 있는『금강정경』중에서 가장 방대한 것은『일체여래진실섭대승현증삼매대교왕경』 30권본이다. 그것은『초회금강정경』이라고 불리며, 산스크리트본과 티베트본이 현존하고 있다.

그『금강정경』중에서 진각종의 교판확립과 관련을 가지는 것은『금강정일체여래진실섭대승현증대교왕경』 3권본이다. 이것은 불공삼장이 번역한 것으로『금강정경』 초회 4품중에서 그 일부인「금강계품」에 해당하며,『진각교전』 및 해인(海印)으로 봉안된「금강정유가삼십칠존예」의 전거를 제공하고 있다. 그 외에도 이 경에는 오상성신관, 오불계만, 사바라밀진언, 십육대보살과 팔공양사섭의 진언과 현겁십육존의 존명과 진언이 있으나 관법과 진언은 물론이고, 이 경의 삼밀행이라고 할 수 있는 제존삼마지전성법은 일체 교판확립에 적용되지 않았다. 그것은 이 경전의 행법이 주로 삼십칠존의 인과 진언과 관법을 가지고 이루어지는 것이지만 이미 개교 이래 이른 시기부터 육자진언염송과 육자의 종자관법이 정립된 상태였기 때문에 삼마지전성법과 같은 삼밀행법을 채용할 필요성이 없었다고 생각된다. 따라서 현재의 신행체계속에서는『금강정유가삼십칠존출생의』나『금강정유가삼십칠존예』로 정형화된 금강계삼십칠존의 예참문만이 실재로 불사시간과 제종의식에서 활용되고 있다.

끝으로『보리심론』은 한역만이 전해지고 있으며, 발심의 상(相)을 행원(行願), 승의(勝義), 삼마지(三摩地)의 3단으로 나누어 보리심의 행상(行相)을 나타내고 있다. 그리고 문답을 통해서 순차적으로 이승(二乘) 보살의 수행과 밀교의 삼마지법문(三摩地法門)의 상을 밝히고 있다. 여기서 이 논은『열반경』,『무량수관경』,『화엄경』등 일반 불교경전의 인증(引證)을 통해서 보리심의 실체를 정의하고,『대일경』과『금강정경』 같은 밀교경전에서 설하는 삼밀, 아자관, 월륜관, 오상성신관등의 인증(引證)을 통해서 보리심의 구체적 체득방법을 제시하고 있다. 따라서 이 논은 현밀회통의 논으로써 진각종의 교판에서 불교와 밀교의 역할을 규정짓게 하는 중요한 단서를 제공하고 있다.

이와 같이 앞의 경론들은 육자진언염송으로부터 육대사만삼밀의 교리와 사종수법, 그리고 금강계삼십칠존 예참과 보리심의 체득법제시하면서 진각종의 교판확립에 결정적인 역할을 하였다.

2) 금강계만다라와 육자진언

설법처이자 수행도량인 심인당과 비로자나불의 설처인 금강법계궁을 동일한 개념으로 간주하고 있는 데에서도 진각종의 밀교적 성격이 나타난다.

심인당을 금강법계궁과 동일한 개념으로 볼 수 있는 근거는『대일경』에 "여래가 가지하시는 광대 금강법계궁(金剛法界宮)"이라고 설해져 있는 내용에 의거한 것이다. 즉 비로자나불의 설처이자 법신 비로자나불로 부터 현현한 제불보살들이 설법, 청문하는 장소와 설법처이자 회중(會衆)이 모이는 장소인 심인당을 동일한 개념으로 본 것이다. 이런 점에서 "심인당은 금강법계 비로자나궁전이라"고 정의하고 있는 것이다.

먼저 제불이 머무는 설처의 방각과 존의 위치, 내포하고 있는 의미에 대해서는 다음과 같이 규정한다.

태양이 떠오를 때 빛나는 햇살과 같이 발심의 인(因)이 되는 동방은 정보리심을 의미하며, 아축불이 위치한다. 경론에 따라서는 동방을 발심의 인으로 보는 견해와 중방(中方)을 발심의 인으로 보는 견해가 있다. 이것은 대일여래와 4불과의 관계를 어떻게 규정짓느냐에 따라서 차이가 나타나는 것이다. 즉 중방의 대일여래로 부터 4불, 제보살이 출생해간다는 관점과 보살행을 통하여 불의 위치에 오르고 4불의 단계를 거처 대일여래의 단계에 이른 다는 관점이다. 아미타불은 보신(報身)으로써 서방에 위치하며, 보리심으로 부터 출생한 만법을 더욱 구체화하여 설법의 단계로 나타난 것이다. 나아가서 북방의 불공성취불은 설법의 단계보다는 더 구체적인 활동성을 나타낸다.

이와 같은 의미를 가지고 있는 4불은 수행의 단계로도 볼 수 있다. 즉 보리를 구하는 마음으로 부터 공덕을 쌓고, 거기서 지혜가 현현하여 안락함을 얻으며, 그 지혜를 바탕으로 중생을 제도함으로써 이타자리를 실현하는 것이다. 또한 이것은 비밀유가의 삼밀행으로 나타나는 것이다.

여기서 심인당을 금강법계궁으로 규정하는 이유가 확실히 드러난다. 즉 심인당은 정보심을 발하여 불보살의 활동성을 획득하기 위한 도량이며, 모든 행자가 대일여래신(身)이 되어 서로의 동일성을 획득하는 곳이다.

3) 금강계만다라 삼십칠존

현재 금강정유가삼십칠존예는 불사시간이나 각종의식에서 봉청문으로 독송되고 있다. 이들 제존은 본존인 옴마니반메훔의 육자대명왕진언속에 내재되어 있는 불보살들이다. 따라서 여기에 등장하는 삼십칠존은 육자진언의 내용에 포함되어 있다고 볼 수 있다.

그리고 여기서 열거한 제존은 자신의 마음속에 봉청한다는 의미와 자신의 마음속에 들어 있는 제불보살의 성질을 발현하겠다는 서원이기도 하다.

먼저 오불은 불부, 금강부, 보부, 연화부, 갈마부의 5부에서 주존의 역할을 한다. 여기서 5부5주존의 성격으로 비로자나불을 청정법신, 아축불을 금강견고자성신, 보생불을 공덕장엄취신, 아미타불을 수용지혜신, 불공성취불을 작변화신으로 간주하고 있다.

5부5주존은 불부에 속하는 존으로 깨달음의 성격을 규정하고 있다. 비로자나불은 원래 법신으로 무활동의 불이지만 밀교경전이 성립되면서 활동성을 동시에 가지는 존으로 되었다. 특히 깨달음은 관념적인 것이 아니라 실천적인 면까지도 포함하고 있는 것으로 간주되고 있다는 점이다. 따라서 밀교경전에 등장하는 비로자나는 불이면서 보살의 성격을 동시에 지니고 있다. 그리고 금강부의 주존인 아축불은 금강불괴의 성격을 띤 지혜의 활동성을 의미한다. 지혜는 금강과 같은 것으로 선악의 개념을 떠나 존재하는 자성 그 자체인 것이다. 보부의 보생불은 깨달음의 공덕을 내장하고 있는 존으로 보주(寶珠)가 지니고 있는 성격과 같이 항상 영묘한 깨달음의 광명을 내장하고 있다. 연화부의 아미타불은 연화가 가지고 있는 성격과 같이 대자비의 힘으로 가지고 일체중생을 감싸고 수용할 수 있는 지혜의 힘을 가지고 있다. 갈마부의 불공성취불은 활동성을 본성으로 하는 깨달음의 세계를 나타내고 있다. 즉 깨달음이란 동적인 것만이 아니라 활동적인 성격을 동시에 갖추고 있다는 것이다.

따라서 비로자나불과 4불의 관계는 깨달음의 세계를 그대로 나타낸 것이면서 깨달음을 분석한 것으로도 볼 수 있다. 즉 경전의 설에 의거하여 생각해 보면 비로자나불이 갖추고 있는 자수용신과 타수용신의 개념이 5불로 나타난 것이다.

여기서 4불의 깨달음의 경지는 사바라밀의 지혜로 나타난다. 즉 대원경지는 금강바라밀, 평등성지는 보바라밀, 묘관찰지는 법바라밀, 성소작지는 업바라밀의 형태로 전개되는 것이다.

여기서 불부를 제외한 4부가 갖춘 깨달음의 성격이 지혜로써 구체화되고, 그들의 활동상은 십육대보살을 통하여 드러난다. 그리고 그들의 활동을 통하여 얻은 결과와 방편은 4섭8공양보살의 형태로 나타난다.

4) 체 · 상 · 용 삼대와 사만다라

『진각교전』의 교리참회는 불사(佛事)를 시작할 때 독송하는 것으로 진각종 교리의 근간을 이루는 내용이 포함되어 있다. 특히 진각종 교판의 우주론, 현상론, 수행론이 들어 있다고 하여도 과언이 아니다. 즉 육대는 우주론적 측면에서 보면 일체존재의 평등성을 나타낸 것이며, 모든 우주원리의 체를 이루는 것이 여기에 내포되어 있다는 것이다. 육대는 원소로써의 육대가 아니라 원리로써의 육대이다. 그리고 현상론적 측면에서 4만은 육대의 원리가 4가지 현상으로 나타난 것을 의미한다. 우리들은 인간의 몸으로 태어났기 때문에 6식으로 인식가능한 것만이 존재한다는 사고를 가질 수 있다. 따라서 4만의 세계를 통하여 인간들이 진리의 세계에 접근할 수 있도록 한 것이다. 특히 우주의 모든 현상들을 4만으로 보는 진각종의 입장에서는 모든 현상들이 활동하는 경전이 될 수 있는 것이다. 그리고 수행론적 측면에서 삼밀은 불과 중생의 상응을 목적으로 한 수행이다. 진각종에서는 신, 구, 의의 삼밀수행을 통하여 불이 될 수 있다고 한다. 그것은 불과 상응한 행자가 불작불행을 할 수 있다는 것이다.

이와 같이 체와 상과 용에 통달한 사람은 일체법을 달관하여 지혜가 밝을 수 밖에 없으며, 지혜를 갖춘 자는 곧바로 대비의 힘을 발휘할 수 있는 것이다. 그 대비심은 두려움없는 육행의 실천으로 나타나는 것이다. 여기서 지혜와 자비심을 갖추고 생활하는 수행자는 일체행에서 장애가 있을 수 없는 것이다. 하여튼 교리참회에서는 교리실천의 원론적인 측면을 강조하고 있다

회향참회에서는 교리참회에서 보다 더 구체적인 수행법을 제시하고 있다. 이 참회는 불보살명을 구체적으로 제시하면서 그들의 서원과 활동상을 체득하여 인간성중에서 수행의 장애요인인 탐진치심을 제거하여, 가정과 사회는 물론 전세계, 전우주에 그 정신을 회향하겠다는 내용이다. 즉 5불의 오지를 체득하여 16대보살과 8공양보살의 활동상을 나타내서 가정적으로는 부모와 부부, 자식간의 인륜을 완성하고, 외적으로는 주위의 존재들과 화합을 이루어 신구의의 활동을 불보살의 활동과 같이 하겠다는 것이다. 나아가서 그와 같은 활동을 더 확대시켜 나아가겠다는 참회이다. 이 참회는 교리참회를 통한 종지의 확립을 바탕으로해서 가정과 사회등에서 구체적으로 불보살의 행을 하겠다는 것이다.

실천참회에서는 회향참회를 통하여 이루지 못한 부분은 여기에서 이루겠다는 참회이다. 그 방법으로는 보시와 인욕을 강조하고 있다. 특히 인과의 이치를 신해해야 탐진치심이 완전히 사라진다고 강조한다.

이와 같이 진각종의 삼종참회는 육대사만삼밀과 체상용의 체계를 교리화한 것이다.

5) 금강계 오불과 육자진언

『진각교전』의「실행론」은 불교와 밀교의 가르침을 바탕으로 해서 회당 대종사의 종교적 실천여념을 집대성한 진각종 최고의 실천강요라고 할 수 있다.

진각종은 교설의 주체인 대일여래와 본존 육자대명왕진언을 근간으로 해서 교리체계와 실행체계가 확립되어 있다. 그 중에서도「실행론」은 대일여래 교설의 현현인 육자대명왕진언을 신행의 본존이자 수행의 방편으로 확립하고, 그와 같은 교리체계를 근간으로 한 육자진언염송의 공덕성취와 실천행을 강조하고 있다.

먼저 교설의 주체인 대일여래에 대해서 "비로자나부처님은 시방삼세하나이라 온 우주에 충만하여 없는 곳이 없으므로 가까이 곧 내마음에 있는 것을 먼저 알라" 라고 설한다. 이것은 교설의 주체와 행자의 관계를 설정하여 신행의 방법론을 제시하기 위한 것이다. 여기서 행자들의 마음속에 새겨 있는 불심인인 삼매왕, 다시 말해서 자성법신을 체득하기 위해서 항상 삼밀행의 실천을 강조한다.

거기서 삼밀행은 인과 진언과 관을 통해서 이루어지는 것으로 인은 지권인이요, 진언은 육자대명왕진언이요, 관은 육자관이다. 여기서 대일여래의 지권인과 육자대명왕진언은 진각종 교리의 핵심이자 수행의 근간이라고 해도 과언이 아닐 것이다.

「실행론」에서는『금강정경』의 금강계오불을 육자진언에 배당하여 이 진언속에 비로자나불, 아축불, 보생불, 아미타불, 불공성취불의 공덕이 함장되어 있는 것으로 보고, 육자진언을 염송하면 "비로자나부처님이 항상 비밀한 가운데 모든 법을 설하여서 무량하고 미묘한 뜻 자증하게 함이니라"라고 설한다. 또한 "옴은 단시, 마는 지계, 니는 인욕, 반은 정진, 메는 선정, 훔은 지혜"의 뜻을 함장하고 있기 때문에 이 여섯자에 담겨 있는 육행의 행상을 관하면 생노병사의 고통과 온갖 재액이 소멸된다고 설한다.

이와 같은 회당성존의 교설은 자내증의 교설이라고 할 수 있다. 그것은 스스로『대일경』과『금강정경』과『대승장엄보왕경』에서 설하는 교설의 핵심인 삼밀과 오불과 육자진언의 비의(秘義)를 체득하고,「실행론」을 통해서 그 경지를 나타낸 것이다.

V

한국의 금강계 입체만다라

Ⅴ. 한국의 금강계 입체만다라

1. 밀교적 건축의 상징

불교에서는 다양한 형태로 건물의 의미를 표현하고 있다. 아시아의 각 지역에 전파된 불교는 지역별로 특색있는 건축을 통해서 불교의 사상적 의미를 표현하고 있다. 특히 밀교적 건축물과 상징은 풍부한 예술적 표현을 통해서 불보살의 가르침을 사람들에게 전하고 있다.

불교의 발상지인 인도에서는 탑건축을 통해서 불교와 밀교의 사상을 전하고 있으며, 티베트에서는 관음의 성전인 포타라궁을 비롯하여 삼예사원, 쿰붐사의 펭콜최대와 같은 특색있는 건축물들을 전하고 있다.

진각문화전승원 전경

총인원 전경

진각밀교의 중심 총인원

주변 국가인 일본의 경우도 고야산 근본대탑에 금강계 입체만다라를 표현하고 있고, 중국 법문사에는 건축물은 아니지만 다양한 금강계만다라 부조물들이 발견되었다. 나아가서 인도네시아의 보로부두르의 대탑은 입체적으로 금강계만다라의 세계를 구현하였다. 특히 소승불교로부터 대승불교, 밀교에 이르는 교리적 내용을 하나의 탑형 건축물을 통해서 표현했다.

우리나라의 경우는 건축물의 장엄을 통해서 다양한 불교적 사상을 표현하고 있으며, 최근에는 진각문화진승원이 건립되면서 금강계만다라의 이념을 반영한 상징적인 건축물이 우리나라도 등장하였다.

포타라궁전경

관음의 성전 포타라궁

조캉사와 포타라궁

포타라궁전과 촐텐

조캉사와 포타라궁

쿰붐사 본당

쿰붐사와 펭콜최데

펭콜최데

펭콜최데와 캄체성

카이라스산(수미산)

카이라스산(수미산)

카이라스산과 삼예사

삼예사

카이라스산전경

티베트 최초의 사찰 삼예사의 모델 수미산

카이라스산정상

룽타

삼예사본당

삼예사의 겨울

보로부두르대탑전경

보로부두르대탑

보로부두르소탑군

1) 건축물의 개요와 이념

진각문화전승원은 세계 속의 한국밀교와 진각문화를 조감하고, 체험할 수 있는 문화공간이다. 이 건물은 서울 성북구 하월곡동22번지에 연면적3300평 지하2층, 지상6층의 규모이며, 2007년 12월 착공하여 2012년 4월에 완공되었다.

건물의 양식은 밀교의 교리를 바탕으로 하여 탑 구조의 금강계만다라세계를 구현했으며, 경내에는 진각문화전승원을 비롯하여 다 다섯 동의 건물이 불부, 금강부, 연화부, 보부, 갈마부를 를 상징하고 있다. 이것은 문화와 복지와 교화와 교류를 위한 시설들이다.

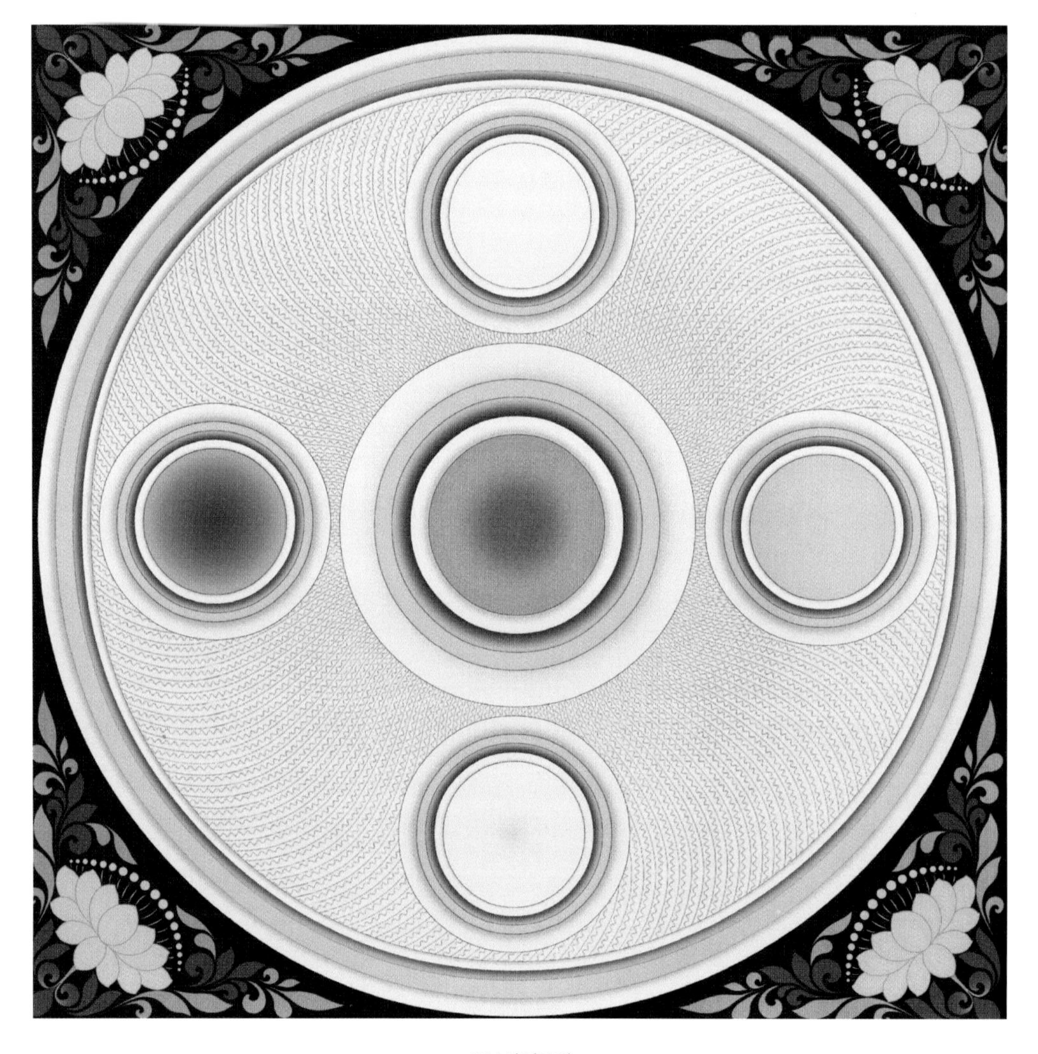

오부상징문양

티베트 금강계만다라의 구조

라다크 알치사 금강계만다라

금강계만다라오부

2) 건축물의 배치와 상징

진각문화전승원을 중심으로 양쪽에 복지관과 국제관이 위치하여 금강계만다라의 불부, 연화부, 금강부의 삼부개념을 도입하고, 여기에 삼밀, 삼신, 지비용을 통한 탐진치의 제거 등에 배대하여 교리의 표상화된 모습을 구현했다.

그리고 복지관 앞쪽의 탑주심인당은 보부, 국제관 앞쪽에는 유치원이 위치하여 갈마부를 상징하며, 전체적으로 금강계 오부개념을 확립하였다.

중앙의 진각문화전승원은 불부를 상징하고, 복지관은 연화부를 상징하며, 국제관은 금강부, 탑주심인당은 보부, 탑주유치원은 갈마부를 상징한다.

금강부 국제관
갈마부 탑주유치원

불부 진각문화전승원

연화부 복지관
보부 탑주심인당

좌측 탑주유치원과 국제관

우측 탑주심인당과 복지관

3) 공간의 구성과 활용

진각문화전승원에는 진각종의 역사와 문화를 재현하고, 홍보하는 진각문화역사공간을 비롯하여 세계밀교문화전시공간, 국제문화교류공간, 세계장서문화공간, 문화공연및 전시휴게공간 등이 있다.

이러한 시설들은 한국과 세계 여러 지역의 문화를 한 눈에 보고, 체험할 수 있는 공간들이다.

전승원의 전면공간에는 수목과 물, 석재를 이용하여 만다라사상이 담긴 정원을 구현하고, 국난극복의 상징인 육자진언비, 오륜탑을 안치하고, 후면공간에는 선대스승 및 신교도의 추복공간을 안치할 것이다.

전승원의 내부에는 참배와 종단역사관련 공간, 사무공간, 문화공간, 주차공간 등이 위치하고 있다.

특히 문화공간에는 한국과 세계 여러 지역의 밀교문화를 한 눈에 보고, 교육할 수 있는 공간을 배치하였다. 그리고 강당과 외부정원의 공연장은 다용도로 활용할 수 있는 문화공간이다.

이와 같이 전승원을 비롯한 다 섯동의 건물은 많은 사람들에게 쾌적한 환경과 문화시설을 제공하고, 다양한 전시실은 교육적으로 활용할 수 있는 공간을 제공하며, 체험공간은 취향에 따라서 개인적인 문화체험을 할 수 있는 장소가 될 것이다.

나아가서 진각문화전승원은 진각문화와 세계의 불교문화를 한 곳에서 체험하고, 참관할 수 있는 성역공간의 역할을 다할 것이다.

전시관

법회장

회의실

강당

장경각

4) 만다라적 개념의 도입

우리나라에서 그 유래를 찾아 볼 수 없는 진각문화전승워의 상징적 의미는 만다라사상를 건축에 적용한 것이다.

만다라는 조화와 화합의 상징적 의미를 가지고 있고, 전통밀교에서 만다라는 관정을 하여 제자를 받아들일 때 활용된다. 그리고 만다라를 통한 관법, 현대적 용어로 명상을 할 때 쓰인다. 만다라에는 자성의 만다라와 형상의 만다라가 있다. 자성의 만다라는 형태를 갖추지 않은 것이고, 형상만다라는 자성만다라가 가지고 있는 이치를 바탕으로 외형적으로 드러난 것이다.

이것은 두 가지 측면에서 관찰할 수 있다. 하나는 우주적 측면의 자성만다라와 형상만다라이다. 이 때 자성만다라는 우주의 이치를 의미하며, 형상만다라는 외형적으로 펼쳐진 우주의 형색을 의미한다.

그리고 다른 하나는 경전의 교리에 입각한 자성만다라와 형상만다라이다. 이 때 자성만다라는 수 많은 밀교경전의 교리들을 의미하고, 형상만다라는 그 교리에 입각하여 형색으로 나타낸 만다라를 의미한다.

이 때 형색의 만다라는 형상과 문자와 상징으로 나타낸 것이 있다. 형상으로 나타낸 것은 불보살의 모습을 다섯 가지 색채를 가지고, 선과 색으로 표현한 것이다. 거기에는 수인과 장엄과 자세가 여기에 포함된다.

다음으로 문자로 나타낸 만다라는 하나의 문자에 불보살의 공능을 함축적 의미를 담고 있기 때문에 종자라고 한다. 마치 식물의 종자가 하나의 씨에서 줄기와 잎과 꽃과 열매를 맺듯이 만다라의 종자도 문자 하나에 불보살의 다양한 활동상을 담고 있는 것이다.

그리고 만다라의 상징은 불보살의 생각을 표현한 것이다. 생각은 원래 말이나 행동을 통해서 나타낼 수도 있지만 그것을 형상으로 표현하면 상징물로 나타낼 수 있는 것이다.

이 때 상징물은 불보살의 뜻을 담은 법구를 통해서 나타낸다. 예를 들면 연꽃을 들고 있으면 자비의 표현, 이치의 검을 들고 있으면 지혜에 의한 결택의 의미를 나타내는 것이다.

이와 같이 만다라는 그 어느 것 하나 형색으로 나타낼 수 없는 것이 없는 것이다.

진각문화전승원은 이와 같은 만다라의 기본개념과 금강계만다라의 사상을 담아 건축된 것이다.

형상만다라

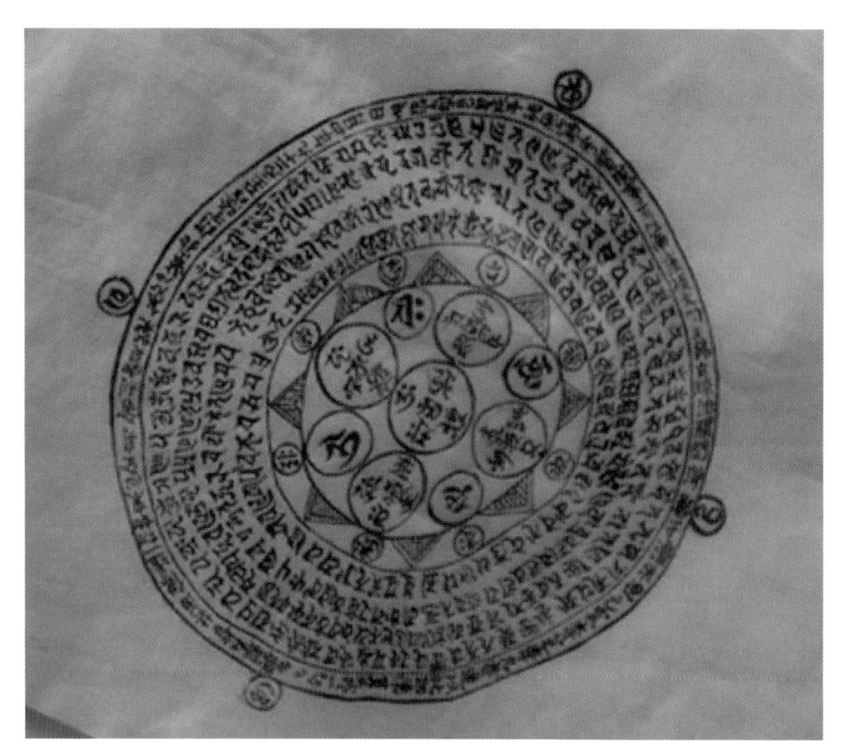

종자만다라

상징만다라

5) 석당 형식의 활용

탑과 석당양식은 불교건축의 상징성을 보여주는 대표적인 표현방식중의 하나이다. 탑과 석당은 불사리의 봉안과 경구의 표현을 위해서 조성된 것이다.

불사리봉안을 위한 탑은 경전을 봉납하기도 하여 불법을 간직한다는 의미를 가지기도 한다. 이러한 사고는 아마라바티의 대탑에서도 나타나고 있다. 금강정경을 대일여래로부터 금강살타가 전수받았다는 것이다. 여기서 탑은 대일여래의 가르침을 전수받은 곳이라는 의미를 가지고 있다. 그리고 석당은 탑신에 경구나 다라니를 표현하는 방식의 상징물이다. 이런 방식은 탑안에 유골이나 경전을 봉납하는 대신의 불법을 외적으로 나타낸 것이다. 이 두가지 방식의 불교건축물은 불의 신구의를 표현하기 위한 수단으로 쓰였던 것이다. 즉 유골을 봉납하면 불의 신(身)을 모신 것이고, 경을 봉납하면 불의 구(口)를 모신 것이며, 전체적으로 보면 신과 구를 모신 것이니 그 의(意)를 모신 것이 되는 것이다. 그리고 석당과 같이 밖으로 불법(佛法)을 나타내면 불의 가르침이 온 세상에 펼쳐 나아간다는 의미를 가지는 것이다. 진각문화전승원은 이러한 탑과 석당의 양식과 금강계만다라의 개념을 도입하여 불법을 세간에 널리 펼치겠다는 의지를 나타낸 건축물이다.

보현사 다라니석당

불정존승다라니

6) 탑양식의 건축적 수용

탑의 형태는 표현방식에 따라서 각(角), 원(圓)을 기본을 하여 표현된다. 우리나라의 경우 화순의 운주사에서 각과 원을 통해서 나타낸 다양한 형태의 탑을 볼 수 있다.

사각탑

복발형

사각과 원형탑

원반형탑

티베트 촐텐

펭콜최데 시륜탑

붓다가야 대보리탑

아마라바티출토 봉헌수투파

7) 사각과 원의 조화

진각문화전승원은 만다라개념의 건축양식이 도입되었기 때문에 원과 사각을 근간으로 하고 있다. 만다라에서 원은 우주를 상징하며, 사각은 궁성(宮城)을 상징한다고 한다. 그런 의미에서 원과 사각은 우주와 그것을 주관하는 불보살이 머무는 곳이라는 의미로 볼 수 있다. 즉 진각문화전승원의 중앙원은 우주와 그것을 주관하는 법신 비로자나불을 상징하며, 사각의 건축양식은 불보살과 우리들이 머무는 곳이라고 규정할 수 있다. 그리고 진각문화전승원 본체의 네개층과 세 개의 지붕은 사만과 삼밀, 외형적으로 전체 여섯 개 층은 육대를 상징한다. 따라서 진각문화전승원은 만다라의 구조와 교리가 도입된 건축물이라고 할 수 있다.

티베트 태장만다라

태장만다라는 중앙의 대일여래를 중심으로 제존이 위치하고 있다. 원과 사각은 불과 보살들의 주처가 된다

티베트 금강계만다라

금강계만다라는 원형의 중심원에 오불과 사라밀과 십육대보살의 위치하고 사각영역은 팔공양과 사섭의 주처이다.

2. 건축물의 구조적 의미

1) 육층구조의 의미

진각문화전승원은 외형적으로 여섯 개의 층으로 이루어져 있으며, 전통건축양식의 특성상 지붕층 내부는 복층구조로 되어 있다. 여섯층은 각각 육자진언, 육대, 육행, 육지, 육심(六心)의 실천적 의미를 공간구성을 통해서 구현하고 있다

1층은 육자진언의 옴자, 육대의 지대, 육행의 단시, 법계체성지, 행원보리심을 의미하며, 참배와 추선추복공간으로 종단역사와 종조일대기를 나타낸 공간이다.

2층은 육자진언의 마자, 육대의 수대, 육행의 지계, 대원경지, 입보리심을 의미하며, 밀교문화박물관이 위치하고 있다.

3층은 육자진언의 니자, 육대의 화대, 육행의 인욕, 평등성지, 불이보리심을 의미하며, 종무행정공간이다.

4층은 육자진언의 반자, 육대의 풍대, 육행의 정진, 묘관찰지, 법성보리심을 의미하며, 종무행정과 회의공간이다.

5층은 육자진언의 메자, 육대의 공대, 육행의 선정, 성소작지, 지혜보리심을 의미하며, 체류수행공간이다.

6-1층은 육자진언의 훔자, 육대의 식대, 육행의 지혜, 구생자연생지, 승의보리심을 의미하며, 다용도법회공간이다.

6-2층은 장경각으로 밀교문헌과 세계각지역의 장경이 안치되어 있고, 최상층은 법통승수공간이다.

2) 구조물의 상징적 의미

(1) 건물전체의 구조적 의미

대승불교의 연화장세계를 의미하는 연엽형(蓮葉形) 공포와 금강계만다라를 나타내는 평면구조와 삼십칠존을 상징하는 기둥, 그 위에 들어 선 육자진언 상징의 외형적 육층 건물과 비로자나불의 신과 구와 의를 상징하는 세 개의 지붕 층으로 이루어져 있다. 이것은 대승과 밀교와 육자진언과 삼밀을 총체적으로 나타낸 상징성을 가지고 있다.

신구의를 상징하는 세 개의 지붕층

옴(신밀종자진언) 아(구밀종자진언) 훔(의밀종자진언)

금강계일인종자만다라

금강계오불종자만다라

금강계대만다라

금강계대만다라

금강계삼매야만다라

금강계삼매야만다라

불보살의 신구의를 상징하는 금강계 종자만다라와 대만다라, 삼매야만다라는 지붕 세 개 층을 통해서 구현되었다. 첫 번째 층은 진언을 통해서 불보살의 설법을 의미하는 진언종자, 두 번째 층은 불보살의 몸을 의미하는 인계, 세 번째 층은 불보살의 생각을 의미하는 삼매야형으로 나타냈다.

상단부 연엽형 공포

하단부 연엽형 공포

금색으로 된 하단부 공포형 구조물은 실재로 상판을 지탱하는 역할을 한다. 아울러 교리적인 측면에서 밀교의 형성에 지대한 영향을 미치고 있는 연화장세계의 연화를 상징한다. 여기서 대승과 밀교가 만나는 접점이 되는 것이다.

그리고 상단부의 공포는 금강계 종 · 삼 · 존의 대좌를 상징한다.

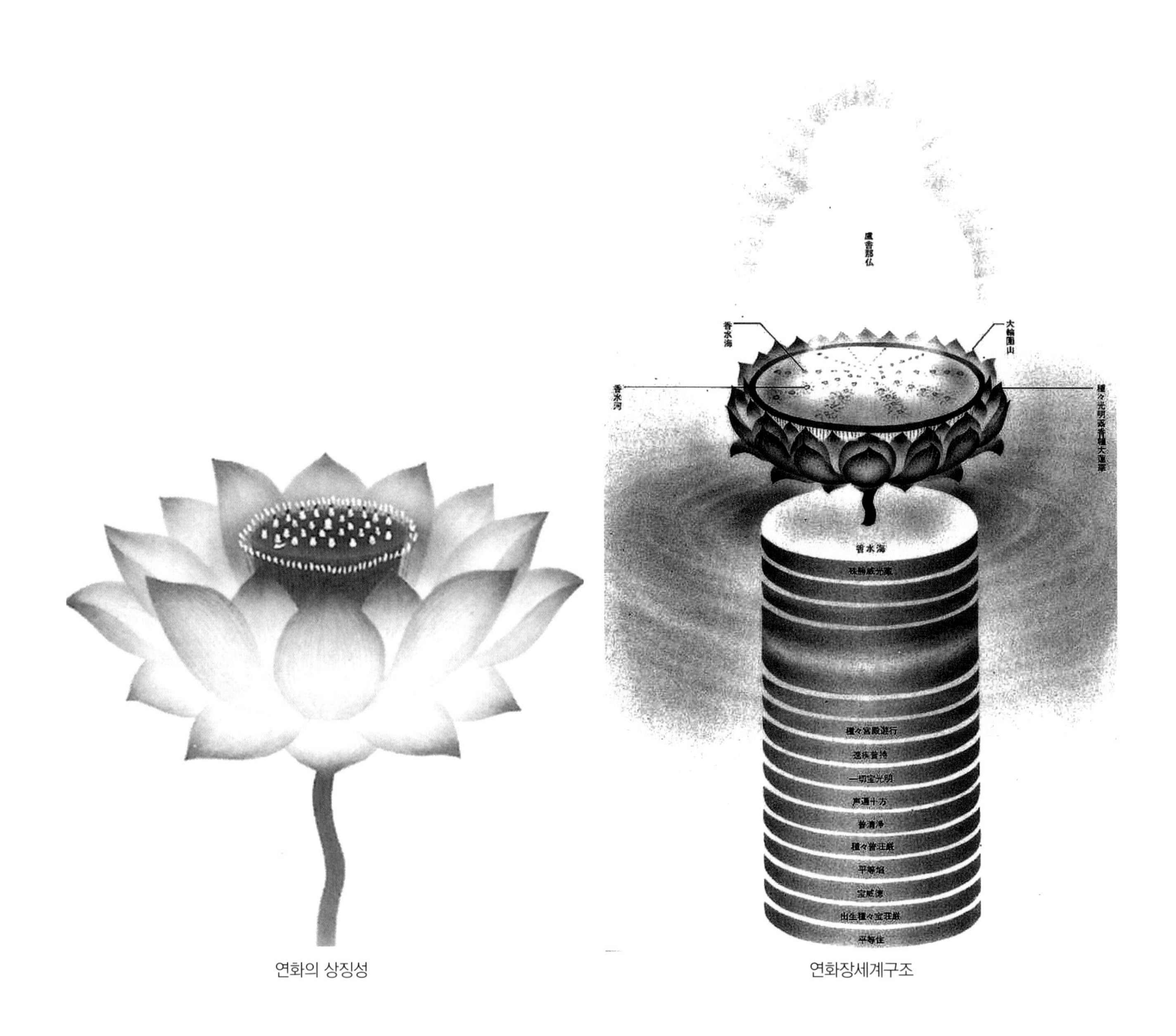

연화의 상징성

연화장세계구조

훔
메
반
니
마
옴

로비층 연화대위에 들어선 금강계만다라의 진각문화전승원 본체는 외형적으로 1층으로부터 6층까지 각각 육자진언 옴마니반메훔을 상징한다.

(2) 중앙공간과 기둥 (비로자나불)

그 중앙의 원형공간과 그 공간을 둘러싼 36개의 기둥은 금강계 만다라의 삼십칠존을 상징한다. 동, 서, 남, 북 각각 9개 기둥은 방향에 따라 오고저, 보주, 연화, 갈마저의 문양으로 장엄하고, 형태는 금강저와 금강령을 응용해 밀교적 의미를 담고 있다. 전승원의 섯가래와 부연 또한 금강계 만다라 1037존의 불보살을 의미한다. 섯가래와 부연에는 삼십칠존의 수인, 삼매야형, 종자자가 양각과 음각으로 표현되어 있다.

철원 도피안사 비로자나불존상

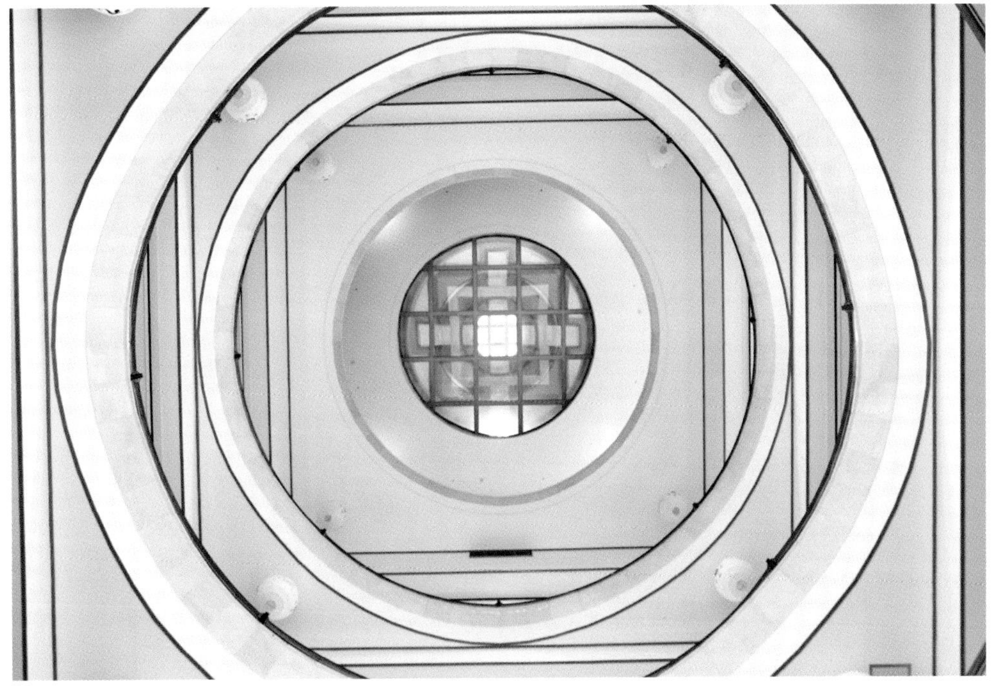

비로자나불 상징 무형의 기둥

지권인(인도)

지권인(중국)

법계정인

전법륜인

전법륜인

전법륜인

유형의 36개 기둥 (사불 · 사바라밀 · 십육대보살 · 팔공양 · 사섭)

(3) 상륜부의 구조와 의미

상륜부는 비로자나불의 우주법계와 자연의 세계와 그 속에서 담겨있는 무상의 원리를 상징한다.

상륜부의 구조는 사각대에 스물네개의 창과 그 위에 육각반, 열두개의 연엽과 원구, 그리고 일곱층의 상륜과 찰주에 표현된 세개의 보주로 이루어져 있다.

사각대는 사계절을 나타내며, 계절의 변화속에서 느낄 수 있는 무상의 세계를 의미한다.

채광구는 스물네개의 창을 만들어 채광을 하면서 이십사절기를 나타낸다.

육각반은 힘의 균형을 의미하는 육각과 그 힘의 원천인 오지와 금강지혜력으로 금강계의 세계를 나타낸다.

열두연엽은 자연속에 피어나는 열 두개의 잎은 열두달을 의미하며, 연화의 품 속에 피어나는 태장십이부 원리의 세계를 나타낸다.

원구는 구체로 이루어진 삼백육십오센티의 원구는 삼백육십오일의 날짜와 금태불이의 비로자나불을 상징한다.

일곱상륜은 일주일과 가치의 척도인 칠보를 상징한다.

우주축인 찰주는 법계제망 우주의 축을 상징한다.

삼보주는 비로자나불의 상징화로 아래의 보주형 지권인은 비로자나불의 신, 두 번째 보주는 구, 최상단의 세 번째 보주는 의를 상징한다.

(4) 난간 장엄의 형상과 의미

난간은 금강계만다라의 결계적 의미를 담고 있다. 전통적으로 만다라의 외곽을 장엄하는 결계장엄은 만다라의 외측으로 부터 화염륜과 금강저륜과 연화륜으로 이루어져 있다. 만다라는 이것을 통해서 외부로 부터 들어 오는 외마를 물리치고 성스런 만다라의 공간을 수호한다. 여기서는 이와 같은 의미와 만다라의 문양을 응용하여 난간을 장엄한다.

만다라 결계장엄의 요체는 화염을 통한 사마퇴치, 금강저를 통한 마군항복, 연화를 통한 자비시여를 나타내며, 최종적으로 난간장엄은 결계와 마음의 세계를 구현하는 방향으로 설정되었다. 전체적으로 80개의 기둥과 80개의 만다라문양으로 구성되었다. 이것은 대일경에서 설하는 160심의 세계를 나타낸다. 상대적인 마음의 세계를 초월하여 여여적정의 마음으로 들어 가는 문을 나타낸 것이다.

결계만다라

북서방결계만다라

동북방결계만다라

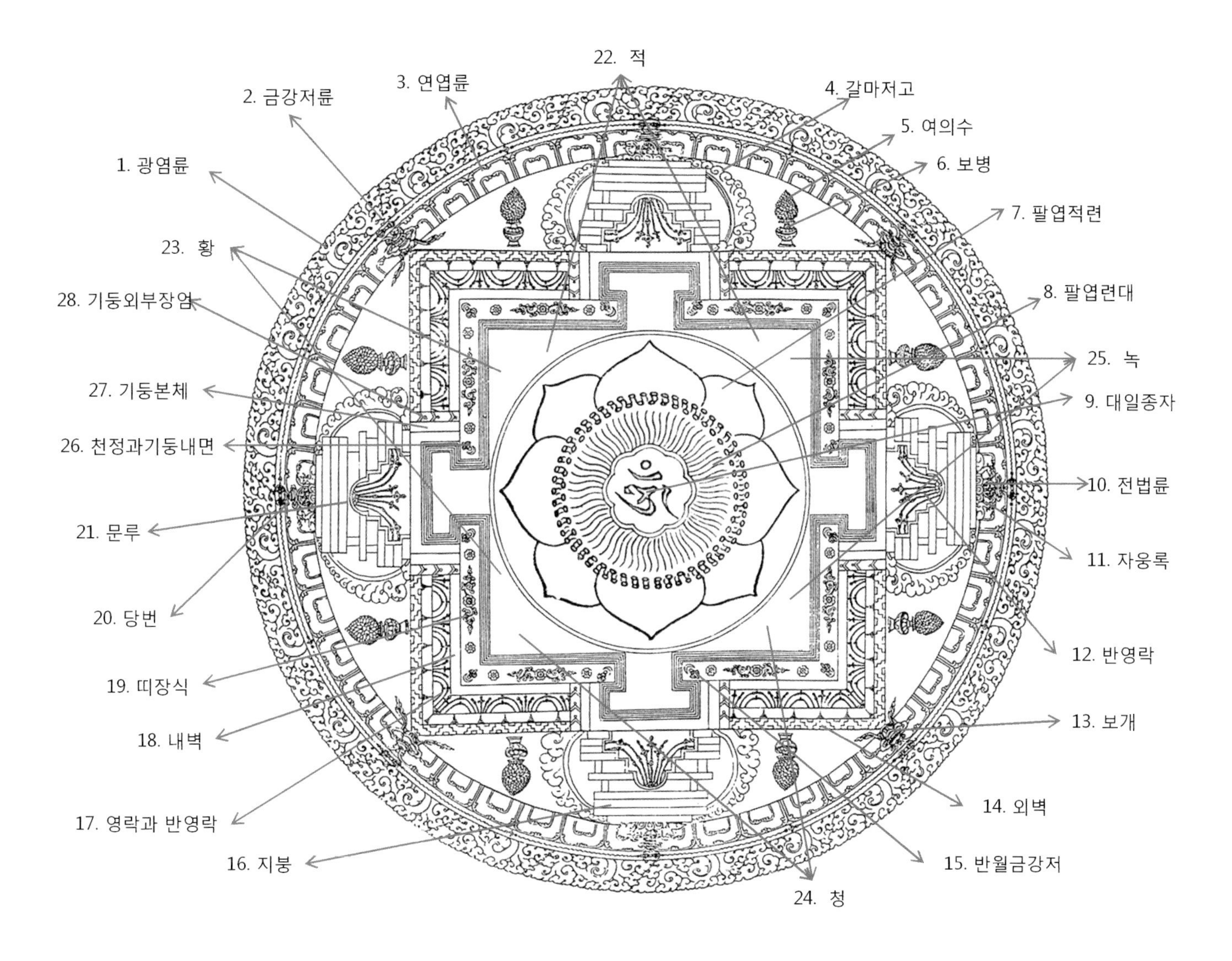

결계만다라의 의미

(5) 육자진언비, 오륜사리탑, 종조비의 안치

육자진언비는 금강계 밀교가 육자진언과 습합하여 전개된 모습을 보여주며, 진언본존의 위신력을 중생계에 펼치는 상징성을 가진다. 오륜사리탑은 법계의 품에서 우주법계에 편만한 오대의 진리를 머금고 무진설법하고 계시는 종조 회당대종사의 법계설법을 상징한다.

종조비는 전승원에서 전면 좌측에 위치하고, 그것은 밀교와 육자진언과 종조정신을 연결시키는 것이다.

3. 건축물 내부의 문화적 활용

1) 진각역사문화 -1층

종조의 정신과 활동을 기념할 수 있는 공간을 설치하여 종조일대기 재현 공간으로 구성하였다. 내부에는 종조의 탄생과 성장과정, 구도의 길과 창종과정, 교화활동과 심인전당 건설사실, 대외활동과 관련된 사진자료들을 전시하고 있다.

무형의 비로자나불을 상징하는 원형공간의 주위를 감싸고 있는 진각역사문화공간은 종조일대기 재현 공간과 추선추복공간으로 구분할 수 있다. 이 공간은 진각성존 회당대종사의 진각종 창종으로부터 교화, 종단의 교세도약을 한 눈으로 보고, 느낄 수 있는 공간이다.

정면은 추선추복공간으로 활용하고, 실내의 벽면을 따라서 종조의 행적을 기리는 사진전시물들이 있으며, 바닥면은 금강계만다라의 도형을 나타냈다. 이 만다라의 위쪽은 무형의 기둥을 상징하는 공간이 천창으로 연결되어 있다.

이 층의 동측벽면으로부터 남측, 서측벽면의 전시대에 당시의 시대상황과 청년기, 교화기, 심인당건설, 대외활동 등에 관한 사진들을 시대별로 전시하고 있다.

추선추복공간(무진설법전)

종조일대기재현공간

심인당 학교의 건립

세계불교도우의회참석 열반

비천과 팔길상문양

천정의 육자진언과 정면의 오륜탑은 진언과 밀교우주론의 만남이라고 할 수 있다. 육자진언은 육행, 오불과 금강보살, 육도윤회해탈을 의미하며, 오대는 우주만유의 근본을 상징적으로 표현한 것이다. 그리고 비천은 밀교적으로 보면 천신이며 불보살의 사자이고, 팔길상은 티베트로부터 전파된 문화로 여덟가지 문양을 가지고 각각의 상서로운 의미를 나타낸다.

2) 세계밀교문화 - 2층

밀교문화박물관은 진각밀교를 비롯하여 일본, 중국, 티베트, 몽골, 네팔, 인도네시아, 인도 등의 밀교 관련 자료들을 전시하고, 교육하며, 연구할 수 있도록 하였다.

원형공간을 감싸고 있는 창살은 진각밀교를 상징하는 마름모형의 상징문양을 상하에 나타내고, 그 중앙에는 인도의 초기밀교만다라, 중기밀교만다라, 후기밀교만다라의 상징문양을 넣었다. 초기밀교의 만다라는 초선삼존만다라를 기본으로 사각형, 중기밀교만다라는 금강계만다라를 기본으로 원형에 오불, 후기밀교만다라는 무상유가탄트라의 삼각형을 나타냈다. 여기서 사각은 식재, 원형은 증익, 삼각은 항복의 의미를 가지고 있다.

밀교문화박물관 중앙

밀교문화박물관 좌측

밀교문화박물관 우측

(1) 한국밀교문화관

삼국유사에는 우리나라의 초기밀교 활동가들의 활약상에 대해서 기술하고 있다. 그 중에서 밀본법사는 약사경의 독경을 통해서 병을 치유시켰으며, 명랑법사는 관정경의 의거한 문두루비법을 통해서 외적을 물리친 것으로 되어 있다. 이 전시대(展示臺)는 약사경과 관정경에 의거한 내용을 바탕으로 중앙에 육자진언당을 안치하고, 그 둘레에 십이본지(十二本地)의 불보살, 그 외곽에 십이지(十二支)를 배치하였다.

약사경에 의하면 미륵, 세지, 미타, 관음, 마리지, 허공장, 지장, 문수, 약사, 보현, 금강수, 석가를 본지로 하여 자, 축, 인, 묘, 진, 사, 오, 미, 신, 유, 술, 해의 십이지가 활동하며, 본지의 존격과 약사 십이대원을 수호한다고 되어 있다. 약사 십이대원은 상호구족(相好具足), 광명조피(光明照被), 소구만족(所求滿足), 안립대승(安立大乘), 지계청정(持戒淸淨), 제근완구(諸根完具), 제병안락(除病安樂), 전녀성남(轉女成男), 거사취정(去邪趣正), 식재이고(息災離苦), 기갈포만(飢渴飽滿), 장구풍만(莊具豐滿)이다.

역사각의 전시대는 식재와 항복의 의미를 가지고 제작되었고, 안쪽의 불보살과 십이지는 서원과 수호의 의미를 나타냈다.

좌측 십이지신

육자진언당과 본지신

우측십이지신

(2) 진각밀교문화관

중앙전시대

진각밀교는 원래 참회와 육행실천을 중시하였기 때문에 유형의 장엄물들이 필요하지 않았다. 죽비와 희사고, 본존과 해인행이 전부라고 하여도 과언이 아닐 것이다. 그런 가운데 진각문화전승원이 건립되면서 건축에 밀교적 의미를 반영하여, 만다라적 개념이 건축에 도입되고, 내부의 시설물들도 밀교와 진각종의 교학을 십분 적용하였다.

그 중에서 밀교문화박물관의 중앙에 위치하고 있는 전시대는 진각문화전승원의 모형을 두 팔로 감싸고 있는 형상을 하고 있다. 양쪽에 있는 전시대에는 본존모형, 진언다라니당모형, 육자진언비모형, 금강저모형 등과 종무에 쓰였던 등사기, 타자기, 희사고 등이 있다.

진각문화전승원 모형의 제작은 역사에 유래없는 형태의 건물과 조형물들을 착오없이 반영하기 위해서 만들어진 것이며, 진각문화전승원을 상세하게 소개하는데 십분 활용되고 있다.

좌측 전시대

진각문화전승원모형

우측 전시대

종조전과 현판 편액

진각문화전승원이 들어 서기 전에 있었던 옛 종조전의 모습을 축소형으로 모형을 만들었으며, 각각의 건물들에 부착되어 있었던 편액과 현판들을 보존전시하고 있다.

본존과 열반비

사각본존과 보주형본존은 진각밀교의 본존변천을 알 수 있다. 원래 지면(紙面)에 육자진언을 써 넣는 형식에서 사각목판에 쓰거나 조각하는 방식, 그 후 목재를 보주형으로 만들어 조각하는 방식이나 주조해서 만드는 형식으로 전개되었다.

내용적으로도 사각목판 본존에는 한글 육자진언을 중심으로 양측에 한자와 실담문자를 병용하고, 아래쪽에는 옴마니반메훔 여섯글자순으로 오불과 금강보살의 명호를 새겨 넣었다. 그 후 보주형본존에서는 오불의 명칭이 없고, 연화대위에 보주형태의 본존을 안치하였다. 그리고 열반비는 불승심인당 종조열반비의 모형이다.

종조열반비

옴마니반메훔
육자대명왕진언
옴마니반메훔
육자대명왕진언
옴마니반메훔
육자대명왕진언
옴비로자나불
마아축불
니보생불
반아미타불
메불공성취불
훔금강보살

신행의 본존

사각 목조본존

최초 보주형본존

보주형 금속본존

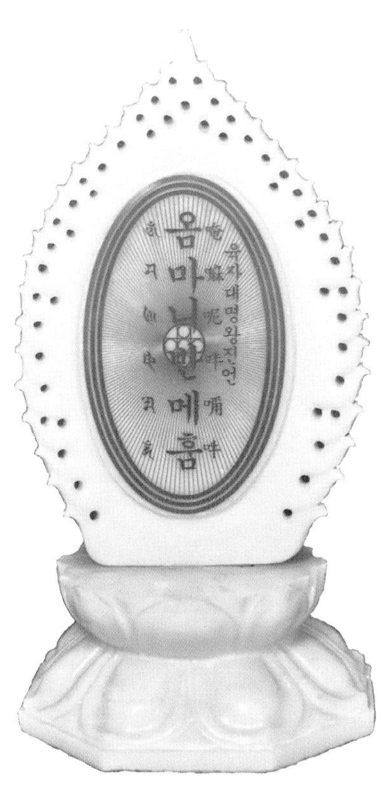

보주형 석조본존

법맥상승탑과 오륜탑

법맥탑은 아마라바티대탑터에서 발굴된 봉헌수투파를 목조로 조각하여 만들어 종조의 일대기를 나타내고, 다음에 대일여래로부터 시작되는 인도의 법맥과 중국의 법맥을 표현하였다. 그리고 오륜탑은 우주 만유의 근간을 이루는 오대를 다섯 가지 형태의 상징으로 나타낸 것이다. 우리나라에는 수종사의 탑에 안치되었던 사리구에서 발견되었으며, 진각밀교의 종조사리탑도 오륜탑으로 표현되었다.

오륜탑

법맥상승탑

팔각길상탑

중앙의 팔각탑을 중심으로 외측에 네 개의 상징물이 주위를 감싸고 있다. 각개의 모습은 사각이지만 사각구조물들이 만나면 육각을 이루도록 되어 있다. 이 상징물은 육자진언과 팔길상의 만남을 의미하며, 팔각의 본체에는 태장만다라와 금강계만다라의 종자진언이 표현된다.

사각과 육각과 팔각이 조화를 이루도록 제작된 상징물

중앙 팔각본체와 육각문

팔길상문양

보개(寶蓋)

금어(金魚)

백라(白螺)

만자(卍字)

보병(寶甁)

묘화(妙華)

승당(勝幢)

금륜(金輪)

포타라궁의 팔길상(백궁)

길상결가림막(홍궁)

(3) 인도밀교문화관

인도밀교는 서기 4세기경 초기밀교경전이 성립되면서 불교역사의 새로운 장을 연다. 대승불교의 교리와 수행을 기반으로 새로운 형태의 길을 모색하였던 것이다. 그것은 교리나 이념중심의 불교에서 힌두교와 맞설 수 있는 종교형태로 전개되었다. 수 많은 천신들을 불교의 품안에 수용하고, 수행은 물론 의식과 작법에도 등한시 하지 않았다.

이런 새로운 형태의 불교를 우리들은 밀교라고 부른다. 불교이면서 너무나 독특했기에 붙여진 이름이다.

밀교는 그 후, 인도 중기밀교에 이르러 대일경과 금강정경이라는 널리 알려진 경전들이 성립되었다. 이들 경전들의 출현에 대해서는 여러 가지 견해들이 있지만 그 가운데 대일경은 서북인도 성립에서 성립되고, 금강정경의 경우는 남천축철탑, 즉 아마라바티대탑에서 찾아 냈다고 전해진다. 이 탑은 기초가 원형으로 되어 있으며, 복원하면 돔형의 둥근 탑이 된다고 한다.

이와 같이 밀교가 출현한 인도에는 그와 관련된 유적들과 유물들이 남아 있다.

초기 발굴당시의 탑흔적

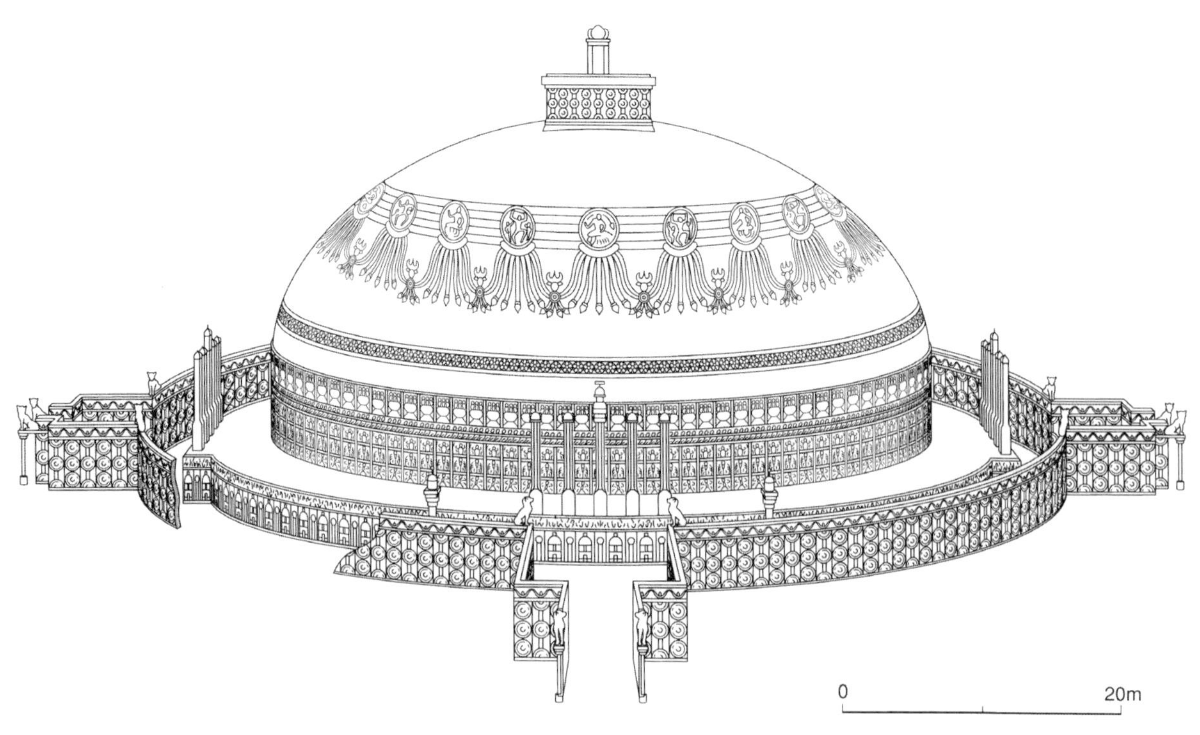

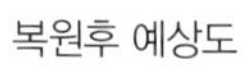
복원후 예상도

발굴후 탑재들

발굴일부복원 모습

나가르쥬나콘다의 석주군(石柱群)

불족법륜과 금강저

불족(아마라바티)

1. 금강계대일여래(9C)
2. 사면대일여래(11C)
3. 태장대일여래(8C)
4. 항삼세명왕(10C)

1	2
3	4

1	2
3	4

1. 아축여래(10C) 2. 불공견색관음(9C)
3. 관음보살(10C) 4. 12비관음보살(8C))

1. 마두관음(8-9C) 2. 불공견색관음(9C)
3. 문수보살(7-8C) 4. 미륵보살(10C)

1	2
3	4

(4) 티베트밀교관

포타라궁전

티베트밀교는 인도에서 성립된 대부분의 경전을 티베트어로 번역하였고, 밀교가 전파된 지역에서 그 유래를 찾아 볼 수 없는 다양한 문화유산을 가지고 있다.

건축물은 물론, 법구, 불화, 조상에 이르기 까지 경전의 내용에 충실히 의거하여 제작되고, 조성되었다. 그 뿐만이 아니라 다양한 밀교의 수행이나 의식이 전통을 유지하며 잘 전해지고 있다. 특히 환생활불제도가 정착되어 세상을 떠난 부처보다 살아 있는 부처가 더 중요하다는 가치관을 가지고 있다.

따라서 달라이라마의 거처인 포타라궁전은 관세음보살이 머문다고 하는 포타라카산의 명칭을 채용하여 건립되었다. 이 궁전은 백색의 백궁과 홍궁으로 나뉘어지며, 백궁은 달라이라마의 집무실을 비롯하여 생활공간이 위치하고 있다. 홍궁은 역대달라이라마를 모시는 공간으로 각각의 영묘에는 영탑이 존재한다.

관세음보살의 성전 포타라궁

현재 달라이라마의 백궁

역대 달라이라마의 홍궁

쿰붐 펭콜최데

티베트에는 포타라궁전 뿐만이 아니라 밀교의 교리를 기반으로 건축된 건물들도 있다. 그 중에는 걍체의 쿰붐사 펭콜최데를 들 수 있다. 이 건축물은 만다라의 평면을 바탕으로 상층부는 시륜탑의 모습을 하고 있다. 그리고 그 내부에는 금강계만다라 제존의 부조가 안치되어 있다.

걍체성을 배경으로 한 펭콜최데는 보관을 쓰고, 전법륜인을 결한 사면비로자나불을 중심으로 보관을 쓴 아축불, 보생불, 아미타불, 불공성취불이 안치되어 있으며, 그 주변에는 십육대보살과 팔공양, 사섭보살이 벽면에 부조되어 있다. 이것은 조형이나 불화와 다른 형태의 표현방식이라고 할 수 있을 것이다.

걍체성과 쿰붐사 펭콜최데 시륜만다라당 (15C)

대일여래

아촉불

보생불

아미타불

불공성취불

금강계제존

펭콜최데 금강계만다라

펭콜최데 금강계제존

타보사

타보사는 11세기에 경전의 번역관으로 널리 알려진 린첸상포(958~1055)가 창건했다. 사찰의 건물들은 동서로 약85미터 남북으로 약74미터 내에 위치하고 있다. 그 안에는 크고 작은 전당들이 산재해 있다. 그 모양은 정사각형, 직사각형에 가까운 것들이며, 드문 드문 항아리형을 하고 있는 탑들이 눈에 띈다.

티베트의 대부분 지역들은 건조하기 때문에 그 지역에서 쉽게 구할 수 있는 자재를 가지고 전당들을 축조하였다. 그래서 개보수를 할 때에도 외부에서 자재를 반입하지 않고 쉽게 할 수 있었다. 타보사의 전당들도 그 지역에서 쉽게 구할 수 있는 진흙과 지극히 적은 목재만으로 이루어져 있다. 외부에서 보면 출입문과 통풍구를 제외하고는 목재가 거의 쓰이지 않았고, 내부로 들어 가면 천정을 받치는 몇 않되는 기둥들이 목재로 되어 있을 뿐이다. 사원의 보수는 매년 벽체와 옥상부분을 진흙으로 덧칠한다.

타보사 본당 12C

타보사의 가람배치는 대일당, 금당, 만다라당, 돔퇸대당, 미륵대당, 돔퇸당, 칼충당으로 이루어져 있다. 남팔낭제캉(대일당)은 동방의 전실과 서방의 후실및 호법당을 갖추고 있다. 셀캉(금당)은 사면에 그려진 벽화로 유명하며, 킬콜캉(만다라당)은 벽면에 세 종류의 만다라가 도화되어 있다. 돔퇸라캉첸포(돔퇸대당)와 돔퇸라캉(돔퇸당)은 인도의 저명한 학승 아티샤의 제자인 돔퇸(1004~1064)이 세웠다고 전해지고, 쟘파라캉첸포(대미륵당)는 당내의 정면에 거대한 미륵불 좌상이 봉안되어 있다. 그리고 칼춍라캉(칼춍당)은 최근에 건립된 것으로 예전의 건물들과는 별도로 세워져 있다. 이들 타보사 전당의 내부에는 다양한 조상과 벽화들이 있고, 이들 가운데에서도 우리들의 관심을 집중시키는 것은 역시 네 얼굴에 네 개의 몸을 가진 비로자나를 중존으로 하는 금강계입체만다라이다.

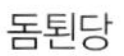

돔퇸당

승방과 촐텐

전법륜인의 대일여래

大日如來 (Mahā Vairocana)

아축불

보생불

阿閦佛 (Akshobhya)

gzung 'dsin rdo rje btan pa'i sa//
me long ye shes rdo rje'i sku//
bdud 'dul chen po'i phyag rgya mdsad//
phyag 'tshal mi bskyod rdo rje la//
namo Akshobhya

寶生佛 (Ratna Sambhava)

rin chen rdo rje 'bar ba'i me//
mnyam nyid ye shes ngo bo nyid//
mchog sbyin chen po'i phyag rgya mdsad//
phyag 'tshal rin chen 'byung ldan la//
namo Ratna Sambhava

아미타불

불공성취불

阿彌陀佛 (Amitabha)

'Dod chags rdo rje chos kyi chu//
kun rtog ye shes ngo bo nyid//
ting 'dsin chen po'i phyag rgya mdsad//
phyag 'tshal snang ba mtha' yas la//
namo Amitabha

不空成就佛 (Amoghasidhi)

prag dog rdo rje pa'i rlung//
bya grub ye shes rdo rje'i sku//
skyabs sbyin chen po'i phyag rgya mdsad//
phyag 'tshal don yod grub pa la//
namo Amoghasidhi

금강살타보살

금강왕보살

金剛薩埵菩薩 (Vajra Sattva)

rdo rje sems dpa' sems dpa' che// rdo rje de bshin gshegs pa kun// rdo rje dang po kun tu bzang//
phyag 'tshal phyag na rdo rje la//
namo vajra Sattva

金剛王菩薩 (Vajra Raja)

rdo rje rgyal po sang rgyas mchog//
rdo rje lcags kyu de bshin gshegs//
don yod rgyal po rdo rje mchog//
phyag 'tshal rdo rje 'gugs khyod la//
namo vajra Raja

금강욕보살

금강선재보살

金剛欲菩薩 (Vajra Raga)

rdo rje chags pa bde chen po//
rdo rje mda' ni dbang byed pa//
bdud kyi 'dod pa rdo rje che//
phyag 'tshal rdo rje gshu khyod la//
namo vajra Raga

金剛善哉菩薩 (Vajra Sadhu)

rdo rje legs pa sems dpa' mchog//
rdo rje mgu ba dga' ba che//
rab dgyes rgyal po rdo rje mchog//
phyag 'tshal rdo rje dgyes khyod la//
namo vajra Sadhu

금강보보살

금강광보살

金剛寶菩薩 (Vajra Ratna)

rdo rje rin chen rdo rje don//
rdo rje nam mkh'i nor bu che//
nam mkh'i snying po rdo rje phyug//
phyag 'tshal rdo rje snying khyod la//
namo vajra Ratna

金剛光菩薩 (Vajra Teja)

rdo rje gzi brjid cher 'bar ba//
rdo rje nyi ma rgyal ba'i 'od//
rdo rje 'od zer gzi brjid che//
phyag 'tshal rdo rje 'od khyod la//
namo vajra Teja

금강당보살

금강소보살

金剛幢菩薩 (Vajra Ketu)

sems can don rab rdo rje dpal//
rdo rje rgyal mtshan rab dga' byed//
rdo rje chen po rin chen dpal//
phyag 'tshal rdo rje dpal khyod la//
namo vajra Ketu

金剛笑菩薩 (Vajra Hasa)

rdo rje bshad mo bshad pa che//
rdo rje 'dsum pa ngo mtshar che//
dga' shing rab dga' rdo rje ston//
phyag 'tshal rdo rje dga' ba la//
namo vajra Hasa

금강법보살

金剛法菩薩 (Vajra Dharma)

rdo rje chos rab de nyid don//
rdo rje padmo rab dag byed//
'jig rten dbang rab rdo rje spyan//
phyag 'tshal rdo rje spyan khyod la//
namo vajra Dharma

금강리보살

金剛利菩薩 (Vajra Tiksḫna)

rdo rje rno ba theg pa che//
rdo rje ral gri mtshon chen po//
'jam dpal rdo rje rab tu zab//
phyag 'tshal rdo rje blo khyod la//
namo vajra tikshna

금강인보살

금강어보살

金剛因菩薩 (Vajra Hetu)

rdo rje rgyud dang snying po che//
rdo rje 'khor lo tshul chen po//
rab bskor rdo rje las byung ba//
phyag 'tshal rdo rje snying po la// namo
vajra Hetu

金剛語菩薩 (Vajra Bhasha)

rdo rje gsung ba rab rig mchog//
rdo rje zlos pa rab sgrub phyir//
mi gsung rdo rje mchog grub pa//
phyag 'tshal rdo rje gsung khyod la//
namo vajra Bhasha

금강업보살

금강호보살

金剛業菩薩 (Vajra Karma)

rdo rje las rab rdo rje dka'//
las kyi rdo rje kun rab 'gro//
rdo rje nges pa rgya che ba//
phyag 'tshal rdo rje kun khyod la//
namo vajra Karma

金剛護菩薩 (Vajra Raksha)

rdo rje srung ba brtan pa che//
rdo rje go cha sra ba che//
brtson 'grus mchog ni thub par dka'//
phyag 'tshal rdo rje brtson 'grus la//
namo vajra Raksha

금강아보살

금강권보살

金剛牙菩薩 (Vajra Yaksha)

rdo rje gnod sbyin thabs chen po//
rdo rje mche ba 'jigs pa che//
bdud 'joms rdo rje mi bzad pa//
phyag 'tshal rdo rje drag po la//
namo vajra Yaksha

金剛拳菩薩 (Vajjra Sandhi)

rdo rje mtshams sbyor rab bsdus nyid//
rdo rje 'ching ba□ rab grol byed//
rdo rje khu tshur dam tshig mchog//
phyag 'tshal rdo rje ku tshur la//
namo vajra sandhi

금강희희보살

금강만보살

金剛嬉戲菩薩 (Vajra Rasya)

rnam dag rdo rje thugs 'dsin ma//
mi dmigs rdo rje ting 'dsin gnas//
rdo rje sgeg mo'i tshul 'dsin ma//
phyag 'tshal rdo rje bsgyings ma la//
namo vajra Lasya

金剛鬘菩薩 (Vajra Mala)

rnam dag yon tan rdo rje ste//
yid bshin rdo rje re ba skong//
rdo rje gzugs kyi tshul 'dsin ma//
phyag 'tshal rdo rje 'phreng ba la//
namo vajra Mala

금강가보살

금강무보살

金剛歌菩薩 (Vajra Girti)

rnam dag rdo rje gsung mchog ma//
rdo rje pe wam 'dsin pa'i tshul//
rdo rje gsung mchog sgrogs pa'i don//
phyag 'tshal rdo rje dbyangs mkhan ma//
namo vajra Girti

金剛舞菩薩 (Vajra Nirtya)

rnam dag rdo rje las rab ste//
las kyi rdo rje 'gro don mdsad//
bdud 'dul rdo rje phyag rgya can//
phyag 'tshal rdo rje gar mkhan la//
namo vajra Nirtya

금강분향보살

금강화보살

金剛焚香菩薩 (Vajra Dhupa)
sprin bshin rdo rje bdug pa ma//
tshim byad rdo rje dang ldan pas//
rdo rje 'phreng ba'i tshal 'dsin ma//
phyag 'tshal rdo rje bdug pa la//
namo vajra Dhupa

金剛華菩薩(Vajra Pushpa)
rdo rje mdses pa'i gzugs mdses shing//
rdo rje me tog 'dor ba'i tshul//
byang chub yan lag me tog ste//
phyag 'tshal rdo rje me tog la//
namo vajra Pushpa

금강등보살

금강도향보살

金剛燈菩薩 (Vajra Aloka)
'od gsal rdo rje 'bar ba'i me//
rdo rje sbyin gyi ma rig sel//
rdo rje gsal byed phyag rgya 'dsin//
phyag 'tshal rdo rje snang byed la//
namo vajra Aloka

金剛塗香菩薩(Vajra Ghandha)
rdo rje tsandan bdud rtsi'i chu//
rdo rje dri yi rnam rtog 'joms//
rdo rje dag byed phyag rgya 'dsin//
phyag 'tshal rdo rje dri mchog la//
namo vajra Ghandha

금강구보살

금강색보살

金剛鉤菩薩(Vajra Ankusha)

rnam dag skul byed rdo rje don//
rdo rje sdud mdsad rdo rje don//
rdo rje 'gugs byed phyag rgya 'dsin//
phyag 'tshal rdo rje lcags kyu la//
namo vajra Ankusha

金剛索菩薩 (Vajra Pasha)

mi gtod rdo rje chos kyi don//
rdo rje 'dren pa mi 'gyur don//
'ching mdsad rdo rje phyag rgya 'dsin//
phyag 'tshal rdo rje shags pa la//
namo vajra Pasha

금강쇄보살

금강령보살

金剛鎖菩薩 (Vajra Sphoṭa)

rdo rje mi 'gyur brtan pa'i bdag//
rdo rje mgyogs byed glog bshin myur//
sgrog mdsad rdo rje phyag rgya 'dsin//
phyag 'tshal rdo rje lcags sgrog la//
namo vajra Sphota

金剛鈴菩薩 (Vajra Avasha)

rdo rje dbab pa brtan pa'i bdag//
skyong mdsad rdo rje kun gyi las//
rdo rje dbag pa'i phyag rgya 'dsin//
phyag tshal rdo rje 'bebs pa la//
namo vajra Avasha

이상과 같이 타보사의 대일당(大日堂), rnam par rnang mdzad khang)에는 입체로된 금강계만다라 불보살이 안치되어 있다. 그 외의 사바라밀은 대일여래의 대좌에 존상이 아닌 삼매야형으로 표현되어 있다.

(4) 티베트법구

오고금강저는 다섯가지 지혜의 힘을 나타내고, 풀부는 지기(地氣)를 잠재우게 하는 역할을 하며, 오고금강령은 다섯지혜의 힘으로 중생을 제도하는 역할을 한다.

오고금강저(rdo rje rtse lnga pa)

풀부(phur-bu)

오고금강령(dril-bu rtse lnga pa)

중북(中鼓, mkhar rnga)

중북은 축제때 들고 다니며 쓰는 악기이다.

소적(小笛g, ling bu)

소적은 법요가 있을 때 쓰인다.

장적(長笛, dung chen)

법요가 시작될 때나 고귀한 인물이 내방했을 때 쓰인다.

마니륜통(摩尼輪筒, 摩尼車 , mangi 'khor)

마니륜통에는 대부분 육자진언, 삼밀진언, 구루진언을 넣고, 그것을 돌리면 공덕이 일어난다고 한다.

금강부(金剛斧, kartari)

금강부는 무상유가탄트라에서 쓰이는 법구로 오른 손에 들고, 탐(貪), 진(瞋), 치(痴), 만(慢), 의(疑), 악견(惡見)의 여섯 가지를 끊는 것을 나타낸다.

小銅鈸(ting shags)

이 법구는 법요의식을 할 때 악기로 쓰인다.

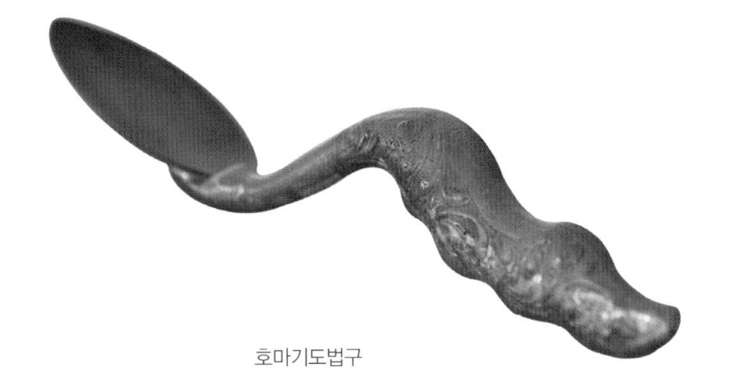

호마기도법구

이 호마법구는 공물을 화로에 넣을 때 쓴다.

호마소유기(護摩蘇油器)

이 법구는 화로에 기름을 넣을 때 쓰며, 암수 두 종류의 기구가 있다.

라다크의 타보사에서 기증받은 오불탱화로 오색의 밀교 오불을 표현하고 있다.

백색의 몸으로 전법륜인을 한 대일여래

청색의 몸으로 항마촉지인을 한 아축불

황색의 몸으로 여원인을 하고 있는 보생불

황색의 몸으로 정인을 하고 있는 아미타불

녹색의 몸으로 설법인을 하고 있는 불공성취불

타보사 기증 삼존불 탱화

석가모니불

Sarvavidvairochana Ser Lhakhang, north wall, 16th century Tabo Monastery
Buddha Shakyamuni Ser Lhakhang, west wall, 16th century Tabo Monastery

사면대일여래

아미타불

디베트 승려의 승복

티베트에서는 승려들이 쓰는 모자의 색상에 따라서 종파를 구분한다.
황색은 게룩파, 홍색은 닝마파, 흑색은 카규파를 나타낸다.

바루를 든 석가모니불

촉지와 여원인의 석가모니불

티베트향로

황제신만다라(皇帝身滿茶邏)

원형 팔길상문양

사각형 팔길상문양

티베트대장경

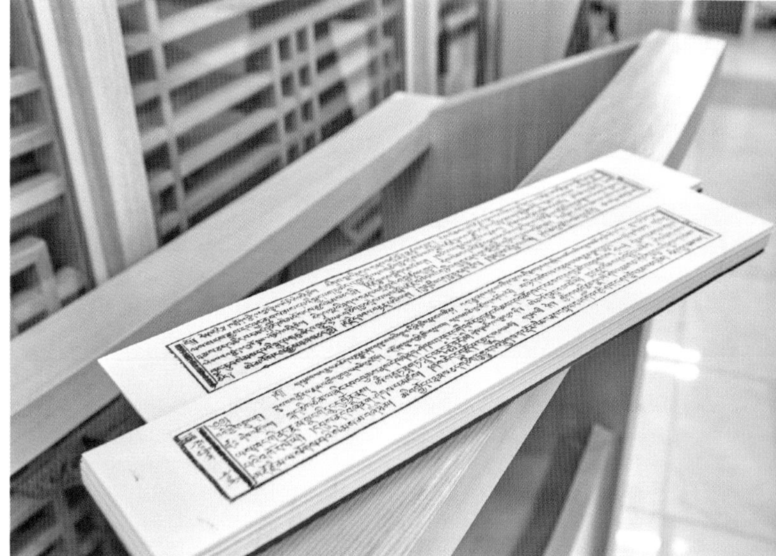

티베트대장경은 세계 최대의 대장경으로 크게 경부(bka' 'gyur)와 논부(bstan 'gyur)로 나뉜다. 경부에는 율부, 반야부, 화엄부, 보적부, 경부, 십만탄트라부, 고탄트라부, 시륜경소, 다라니집이 있다. 논부에는 예찬부, 탄트라부, 반야부, 중관부, 경소부, 유식부, 아비달마부, 율부, 본생부, 서한부, 인명부, 성명부, 의방명부, 공교명부, 수신부, 잡부, 아티샤소부집, 목록부 등이 있다. 그리고 판본에는 델게판, 북경판, 날탕판, 쵸네판, 우르가판을 비롯하여 20종이 는 판본과 필사본들이 존재한다.

(5) 일본밀교관

(1) 일본밀교의 기원

일본밀교는 중국의 밀교를 기반으로 성립되었다. 그 시원은 구카이와 사이쵸로 그들은 9세기 초 당나라에 유학하여 각각 혜과와 순효로부터 인도에서 전해진 밀교의 법맥을 상승하였다.

이 두 인물은 훗날 진언종과 천태종의 개조가 되었으며, 오늘날에도 고야산과 히예산을 중심으로 일본 전역에 수 많은 밀교사찰들과 신도들이 산재해 있다.

그 중에서 고야산의 진언종은 구카이가 안치된 오쿠노잉을 중심으로 영묘신앙이 활성화되어 있다. 영묘신앙은 구카이가 열반에 든 것이 아니라 입정(入定)에 들어 상시 설법하고 있다는 것을 전제로 한다. 따라서 고야산에는 일년연중 참배객의 발길이 끊일 날이 없다.

진언종 총본산 금강봉사

태장만다라

금강계만다라

(2) 호마기도

호마기도는 불을 활용한 기도법으로 인도의 바라문으로부터 유래한 것으로 되어 있다.

불은 온기를 주면서도 온갖 것들을 태워 없애기도 한다. 그래서 그 따뜻함과 태워 없애는 작용을 종교적으로 승화시켜 기도법에 활용하고 있다. 여기서 연소시킬 때 생기는 열과 연기를 가지고 우주에 가득찬 불보살과 교감하는 것이 호마인 것이다.

또한 호마를 행할 때에는 호마로를 화천의 입으로 간주하여 인간이 섭취할 수 있는 음식물들을 호마로에 투입한다. 그 때 생기는 화력으로 불보살을 공양하고 위무하는 것이다. 이러한 호마는 밀교가 전파된 지역에서 널리 행해지고 있으며, 기도의 목적에 따라서 식재, 증익, 경애, 항복, 구소 등의 호마를 행한다.

우리나라에서도 고려시대에 밀교의 호마에서 행하는 목적의 기도도량이 개설되었다. 이런 점에서 호마는 인도 바라문의 종교의식으로부터 출발했지만 밀교가 전파된 모든 지역에서 그 기도법이 행해졌던 것이다.

일본의 호마기도도량(護摩祈道場)

호마기도에는 불보살을 공양할 수 있는 단과 화로와 공양법구와 공물들이 쓰인다.

단은 목제나 철제로 이루어져 있으며, 화로는 철로 제작하여 덥개를 덥도록 되어 있다.

단상의 앞에는 호마를 행하는 행자의 좌석과 보조탁이 양쪽에 있다. 단상에는 결계선 안에 화로, 향로, 등명, 육기(六器), 금강저, 금강령 등의 법구를 두고, 기도에 활용한다. 좌측 보조탁에는 공물로 쓰일 약초, 말향, 도향, 석장을 두고, 오른쪽 보조탁에는 호마목과 작은 종과 병향로(柄香爐), 호마목, 작은 종을 둔다.

호마기도단 (護摩祈禱壇)

좌측 보조탁

우측 보조탁

사수기(瀉水器)

작저(酌杵)

육기(六器)

금강령(金剛鈴)

등명(燈明)

보병(寶甁)

결계선(結界線)

호마로(護摩爐)

향로(香爐)

소종(小鐘)

병향로(柄香爐)

집저(執杵)

호마기도(護摩祈禱)

증익호마(增益護摩)

식재호마(息災護摩)

착좌

위의

분향

호신

호마목

착화

기원

가지기도

소유(蘇油)

회향

퇴장

(6) 인도네시아밀교관

인도네시아에 밀교가 전파된 것은 서기800년경의 해상실크로드를 통해서 이루어진 것으로 알려져있다. 당시의 상황을 전해주는 유적으로 수마트라의 잠비와 족자카르타의 보로부두르의 유적을 들 수 있다. 그 중에서도 보로부두르의 유적은 만다라형식의 거대한 탑으로 초기불교의 전생담으로부터 대승불교와 관련된 내용, 그리고 밀교의 오불과 금강계 존격들의 내용을 담고 있다.

보로부두르대탑전경 ▶

서기800년대 아시아 해상교역로

대탑의 중앙탑

탑에 새겨진 상징문양

대탑입구의 사자장

비로자나불존상 측면

중앙대탑 측면

비로자나불존상 정면

만다라벽체의 영락

중앙탑하단의 상징문양

능형(菱形)문양의 기원은 인도의 다메트탑에서 찾을 수 있다. 다메트탑에는 마름모형의 문양과 만자문양, 그리고 마름모 안에 사엽(四葉)의 꽃 문양이 새겨져 있다. 이 마름모와 끝문양과의 관계는 확실히 알 수 없으나 주변에 문양에 나타나는 꽃이 있는 것으로 보아 어떤 형태로든 관련성이 있는 것으로 보인다.

녹야원의 사엽화(四葉華)

사엽화

다메크탑의 만자와 능형화문

다메크탑의 상징문양

인도네시아 보로부두르 대탑과 화순 운주사 석탑의 능형중화문(菱形中花紋)

운주사탑에 새겨진 능형(菱形)중 화문(花紋)은 인도네시아 보로부두르 대탑의 벽체에 새겨진 농형중 화문과 유사한 점이 있다.

능형중화문은 인도네시아 보로부두르의 탑장엄 문양과 일치하는 것은 밀교와의 관련성을 생각해 볼 수 있는 단초이기도 하다. 아울러 운주사의 다른 탑에는 시륜탄트라의 X자 상징문양이 새겨져 있기 때문에 인도네시아와 밀교와 운주사의 탑과 관련성을 생각해 볼 수 있다.

초선삼존만다라와 태장만다라의 능형중화문

초선삼존만다라

초선삼존만다라능형중화문

운주사탑 능형중화문

태장만다라

만다라 능형중화문

태장만다라 능형중화문

초선삼존만다라와 태장만다라의 능형중화문

운주사탑의 다양한 문양들은 기적으로 능형을 기반으로 이루어져 있다. 이러한 능형문양은 만다라의 기본바탕이 되고 있으며, 보로부두르의 탑에서도 찾아 볼 수 있다.

동방 아축불

남방 보생불 정면

남방 보생불 측면

서방 아미타불 정면

서방 아미타불 측면

북방 불공성취불 정면

북방 불공성취불 측면

만다라는 네 개의 가지고 있으며 거기에는 네 개의 문곡(門曲)이 있다. 인도네시아 보로부두르 대탑의 문곡은 사자문양이 부조되어 있다. 사자문양의 만다라문곡은 티베트에도 있으며 그 외에도 여러 종류의 만다라 문곡이 있다.

만다라문곡에서 바라본 중앙탑

지붕형 문곡

금강저형 문곡

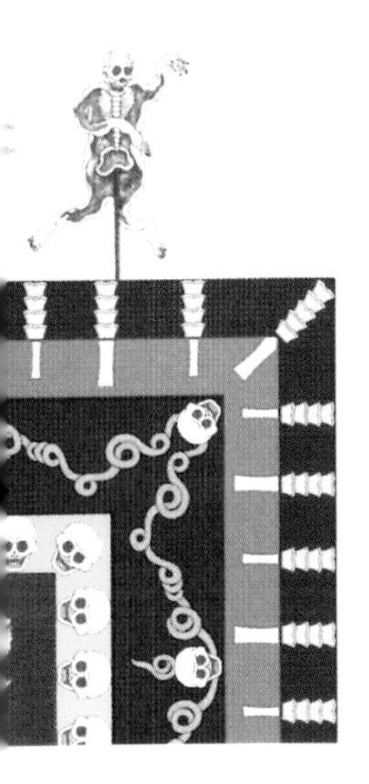

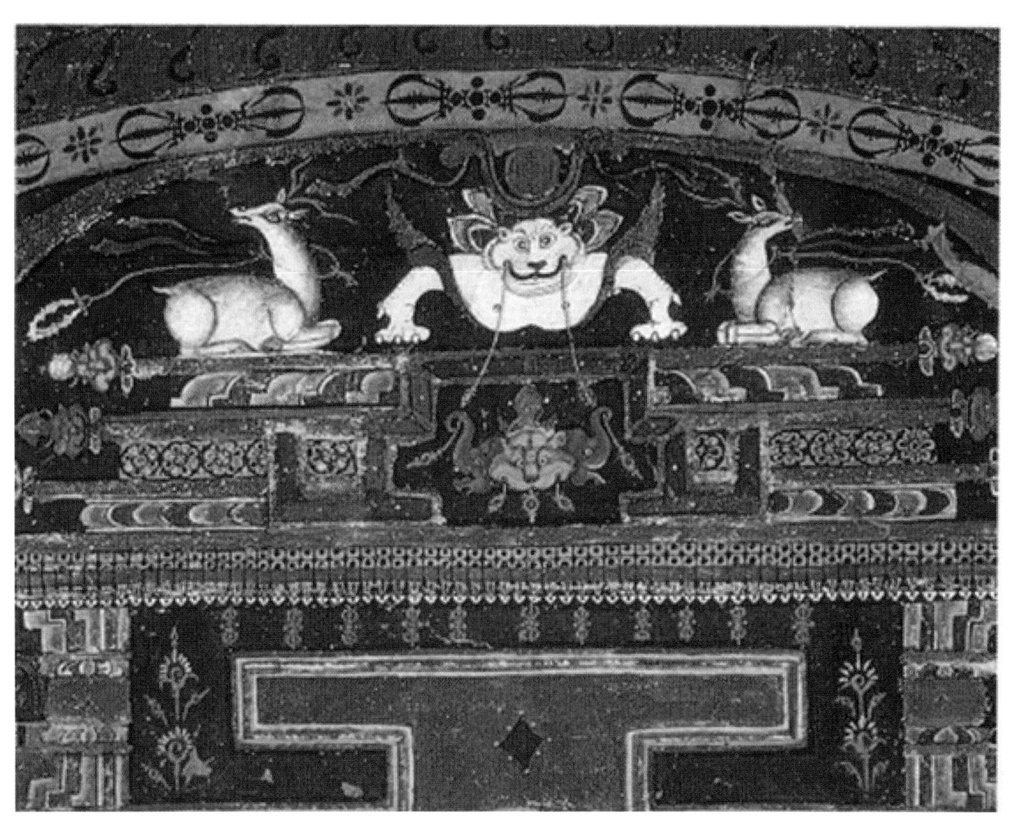

라다크 알치사 사자문 문곡

수마트라 잠비의 불교사원 유적

전법륜인의 불상

보살상

인도네시아 보로부두르 모형

밀교문화박물관 보로부두르 모형

보로부두르 평면도

금강계만다라 평면도

3) 수행체험문화 6-1층

수행체험과 법요를 행할 수 있는 다용도 공간이다. 중앙의 천창의 둘레를 이용하여 교육과 수행체험을 할 수 있도록 하였다.

필요에 따라서 불사를 진행하기도 하는 공간이다.

전체공간

정면원거리

정면근거리

4) 장경 · 장서문화 - 6-2층

부처님의 가르침을 담은 팔리대장경, 티베트대장경, 한역대장경을 비롯한 밀교관련문헌이 안치되어 있다. 교육과 연구를 할 수 있는 자료를 제공하고, 밀교 및 대장경과 관련된 수행을 할 수 있는 공간이다.

장경각편액

장경각 원경

장경각 근경

장격각의 구조는 하부가 태장만다라의 삼중구조로 서재가 설치되어 있고, 중앙에는 원형 천창을 중심으로 팔엽연화형의 탁자가 배열되어 있다. 천정부분은 금강계구회만다라를 상징화한 천창으로 이루어져 있다. 따라서 태장만다라와 금강계만다라가 만나는 접점에 장경각이 위치하고 있는 것이다.

태장만다라와 금강계만다라

금강계만다라 오불

삼중구조의 서재

삼중구조의 서재전경

티베트대장경

한글대장경과 한역대장경

최상층

당체법문체득 및 법통승수공간이다.

5) 공연 · 전시문화 - 로비층

한국밀교문화총서

| 총괄사업단장 : 김봉갑 (회성 : 진각종 통리원장)
| 한국진언문화 연구분과장 : 한진희 (법경 : 진각종 교법연구실장)
| 한국진언문화 연구분과원 : 허일범 (귀정 : 진각대학원 교수)
| 한국밀교문화총람사업단 자문위원 : 김무생 (경정 : 전 위덕대학교 불교학과 교수)
권영택 (덕일 : 전 위덕대학교 불교학과 교수)
서윤길 (동국대학교 명예교수)
전동혁 (종석스님 : 전 중앙승가대학교 교수)

한국밀교문화총서 ❷
한국의 입체만다라

1판 1쇄 2018년 10월 16일 펴냄

펴낸이 | 대한불교진각종 밀교문화총람사업단
지은이 | 허일범
펴낸곳 | 도서출판진각종해인행
출판신고번호 제 307-2001-000026호
서울특별시 성북구 화랑로13길 17
대표전화 02-913-0751

ISBN 978-89-89228-41-7 94220
978-89-89228-39-4(세트)

• 이 도서의 국립중앙도서관 출판예정도서목록(CIP)은 서지정보유통지원시스템 홈페이지(http://seoji.nl.go.kr)와 국가자료종합목록시스템(http://www.nl.go.kr/kolisnet)에서 이용하실 수 있습니다. (CIP 제어번호 : CIP2018032230)

*이 책은 문화체육관광부 지원으로 제작되었습니다.